BIBLIOTECA antagonista

21

ay EDITORA ÂYINÉ

Belo Horizonte | Veneza

DIRETOR EDITORIAL
Pedro Fonseca

COORDENAÇÃO EDITORIAL
André Bezamat

CONSELHEIRO EDITORIAL
Simone Cristoforetti

PRODUÇÃO EDITORIAL
Fábio Saldanha

EDITORA ÂYINÉ
Praça Carlos Chagas, 49 2° andar
CEP 30170-140 Belo Horizonte
+55 (31) 32914164
www.ayine.com.br
info@ayine.com.br

MASSIMO CACCIARI
PAOLO PRODI

OCIDENTE SEM UTOPIAS

TRADUÇÃO
Íris Fátima da Silva Uribe | Luis Uribe Miranda
[Profecia, utopia, democracia, de *Paolo Prodi*]

Flávio Quintale
[Grandeza e crepúsculo da utopia, de *Massimo Cacciari*]

PREPARAÇÃO **Lígia Azevedo**
REVISÃO **Fernanda Alvares**

TÍTULO ORIGINAL:

OCCIDENTE SENZA UTOPIE

© 2016 by Società editrice Il Mulino, Bologna.

© 2017 EDITORA ÂYINÉ

IMAGEM DA CAPA: **Julia Geiser**
PROJETO GRÁFICO: **ernésto**

SUMÁRIO

OCIDENTE SEM UTOPIAS

Premissa **17**

[Paolo Prodi]
PROFECIA, UTOPIA, DEMOCRACIA **21**

Premissa 23
A Igreja como profecia institucionalizada 34
As duas Europas: ortodoxia e catolicismo ocidental ... 39
Igrejas territoriais e confissões religiosas 50
Teologia civil e teologia política 60
Hoje 78

[Massimo Cacciari]
GRANDEZA E CREPÚSCULO DA UTOPIA **91**

Fenomenolgia da utopia moderna 93
Princípio esperança 145

OCIDENTE SEM UTOPIAS

PREMISSA

Este livro nasce de um diálogo em torno da Europa e do crepúsculo não só da utopia, mas de qualquer projeto para o futuro. Na Idade Moderna, o continente europeu se desenvolveu como revolução permanente, como processo que se verificou na passagem da ideia de reforma à ideia de revolução enquanto instauração de um *novum ordo* radical até o crepúsculo desse mesmo «mito». Nesse diálogo se revelou um ponto de vista comum entre historiador e filósofo: que a secularização deve ser entendida como *osmose* de ideias religiosas e políticas e de modo algum como simples assimilação de motivos teológicos na formação dos conceitos-chave da política moderna.

Tal osmose vem aqui abordada sob o aspecto de dois termos-chave que conotam a sua história: profecia e utopia. A profecia, pela função essencial que exerce na nossa civilização ao pôr uma distância nítida entre *potestas* e *auctoritas*: não pronunciar em vão o nome de Deus *in politicis*. A utopia como fundamento e essencial prefiguração da moderna forma-Estado.

Nesse sentido, ambos os ensaios se encontram ao considerar a obra de Thomas More um legítimo divisor de águas: a utopia se configura como projeto político e, paralelamente, o profetismo religioso (sempre carregado de instâncias antieclesiásticas) parece declinar na forma política da Igreja. Não se trata somente de uma visão binocular em que o filósofo e o historiador unem suas perspectivas interpretativas para procurar compreender em diversas ópticas a complexa paisagem que essa osmose fornece ao devir dos fatos e das ideias, mas existe também uma tentativa de colher um movimento, uma direção de marcha própria no momento em que essa parece falhar.

O primeiro ensaio se desenvolve como uma espécie de pré-história na qual a mistura dos componentes proféticos, própria dos monoteísmos, parece levar a uma fusão nuclear em grau de canalizar as explosões revolucionárias em um novo conteúdo de poder, em uma nova estabilidade garantida pelo Estado de direito, e se conclui em uma pergunta de dramática atualidade: poderá hoje a Igreja, que parece definitivamente saída de todos os projetos de *religio civilis*, abrir àquele espírito, que por natureza sopra onde quer, as instâncias do próprio poder? O segundo ensaio se interroga sobre como a utopia tentou se reapresentar como «espírito profético» no pensamento revolucionário do século XX e as razões intrínsecas do seu fracasso, até o seu perambular nas novas correntes dos espaços globalizados.

PAOLO PRODI

PROFECIA, UTOPIA, DEMOCRACIA

PREMISSA

Então o Senhor desceu em uma nuvem e falou a Moisés; retirou dele parte do espírito que era seu e o pôs acima dos setenta anciãos; quando o espírito repousou sobre eles, profetizaram, mas depois nunca mais. Porém ficaram dois homens no acampamento, um chamado Eldade e outro Medade. E o espírito repousou sobre eles; estavam entre os inscritos, mas não haviam saído à tenda. Eles se puseram a profetizar no acampamento.

Um jovem correu para anunciá-lo a Moisés e disse:

«Eldade e Medade profetizam no acampamento». Josué, filho de Num, servo de Moisés desde jovem, fez uso da palavra e disse: «Moisés, meu senhor, proíbe-lho». Mas Moisés lhe disse: «Tu tens ciúmes de mim? Quem dera que todo o povo do Senhor fosse profeta, e que o Senhor pusesse sobre ele seu espírito!» (Números 11, 25-9).

A passagem do Antigo Testamento aqui referida é o ponto de partida destas reflexões e apresenta já a tese de fundo: a democracia e o Estado de direito ocidental não nasceram repentinamente da construção racional de princípios constitucionais, de regras, de instituições e de uma autoridade reconhecida devido às luzes da razão, mas são fruto de um processo mais longo e complexo. Trata-se de inverter, de algum modo a vulgata, que há um século parece simplificar e distorcer o pensamento de Max Weber na contraposição entre o poder de origem carismática e o poder burocrático-institucional. Eldade e Medade não fazem parte do conselho dos anciãos, não têm nenhuma participação no exercício do poder, mas falam no acampamento sem ter pedido autorização alguma. Passagem lida com as lentes de Max Weber ou Max Weber lido em filigrana baseado em trechos da Bíblia: esse é o ponto de partida da minha reflexão. Parece-me que em todo caso ajude também a romper a leitura corriqueira e distorcida da famosa distinção weberiana entre o poder carismático e o poder institucional–burocrático. Os «anciãos» que guiam o povo juntamente com Moisés recebem no início um poder carismático do alto, mas perdem a capacidade profética quando prevalece a instituição, o poder político-burocrático; Eldade e Medade, embora «anciãos» e «inscritos», permanecem fora da «tenda» do comando (do palácio, do templo), mas recebem de Deus o poder de profetizar em meio à gente comum, como simples membros do povo de Israel no acampamento: o poder institucional — constituído pelos setenta anciãos — sugere a supressão da sua voz, a voz do espírito, mas Moisés o proíbe desejando «que todo o povo do Senhor fosse profeta».

Já escrevi em outro lugar a propósito da definição da profecia em geral, que no Antigo Testamento ela representa substancialmente a contestação do poder político e sacerdotal dominante por parte de um personagem excluído ou externo ao sistema — como diríamos hoje —, uma pessoa que sabe ler os signos dos tempos para além dos interesses consolidados e representa a voz de Deus na condenação da injustiça e na proclamação de um caminho de redenção, paz e salvação para o povo hebreu.[1] Aqui,

---
1 P. Prodi, *Profezia vs utopia*. Bolonha: Il Mulino, 2013.

gostaria de destacar a relevância do aspecto político e a importância dessa inovação que, inserindo-se na história do povo de Israel, afetou em tudo o desenvolvimento da nossa civilização.

No mundo hebreu, para além dos acontecimentos bastante diferenciados nas diversas etapas da construção do Estado, introduz-se um ponto de grande novidade, relativa à teo-política do Egito antigo e dos outros reinos do Oriente Médio nos quais a própria divindade se identificava com o poder. Pela primeira vez em Israel, a justiça, a «lei», é subtraída ao poder e colocada na esfera do transcendente: com a ideia do Pacto, da Aliança, que o afeta pessoalmente, Javé se torna diretamente o garantidor da justiça da esfera social e política. Enquanto o faraó incorpora a justiça na esfera sociopolítica submetida à sua soberania, em Israel, ao contrário, ela é subtraída à esfera política para ser transposta na esfera teológica, em dependência direta de Deus: a soberania e o sagrado se separam, tornando possível não somente a resistência perante os abusos do poder — e de um poder que pode ser maligno —, mas também a busca de um lugar terreno da justiça, diferente das próprias instâncias do poder.[2]

O segundo mandamento da lei mosaica («Não pronunciar o nome de Deus em vão») não possui somente uma validade de tipo teológico-sacerdotal (a proibição da blasfêmia), mas adquire também um significado político: é proibido envolver o nome de Deus nas disputas humanas, a não ser como testemunha *super partes* no juramento.

---

2 J. Assmann, *Politische Theologie zwischen Ägypten und Israel*. Munique: C. H. Beck, 1992. Cf. do mesmo autor: *Non avrai altro Dio: Il monoteismo e il linguaggio della violenza* (Bolonha: Il Mulino, 2007). É interessante o debate iniciado por Pier Cesare Bori (falecido recentemente), com o mesmo Assmann. Cf. *Annali di storia dell'esegesi*, n. 25, v. 1, 2008, e *Humanitas*, n. 68, v. 5, 2013, integrado agora em um último livro-entrevista, J. Assmann, *Il disagio dei monoteismi: Sentieri teorici e autobiografici* (Brescia: Morcelliana, 2016). Escreve Assmann: «Seria um erro pensar que a ética foi a grande inovação do monoteísmo e que os 'pagãos' viveram em um mundo imoral. Nessa civilização, no entanto, a ética não era tema da legislação divina (através da mediação dos profetas), mas da sabedoria, administrada não pelos sacerdotes e profetas, e sim pelos sábios seculares. A ética era um meio de conduzir uma vida em harmonia com a sociedade e com o governo, e não um modo de se aproximar de Deus ou dos deuses. Ela era considerada uma codificação das normas do Estado e da sociedade, não do querer de Deus. Transformando essas prescrições no querer de Deus, altera-se seu significado do modo mais radical».

Naturalmente essa síntese grosseira deveria ser definida nos tempos e nos modos da complexa construção estatal hebraica, mas parece que não pode ser posto em discussão o caráter de novidade derivado da experiência da história de Israel. O homem tem uma sede alternativa em relação às sedes do poder político para se des-culpar ou para culpar o outro. Essa inovação tem como consequência a primeira separação do conceito de *pecado*, como culpa em relação a Deus, desde o conceito de *reato* como violação da lei positiva imposta pelo poder: a dissolução do nó imposto pelos deuses aos mortais e revelado em *Antígona*, de Sófocles. Agora, gostaria de me referir à vertente política apresentando uma hipótese precisa: antes da democracia e como de sua fundamentação nasce a «palavra» como contestação do poder dominante. Essa etapa fundamental para a construção da nossa civilização tornou-se possível pela separação do poder político (em todas as suas declinações: do monárquico a democrático) do poder sagrado-religioso, ou seja, do poder do príncipe (ou chefe do *démos*) do sacerdotal. Uma afirmação desse tipo, se tiver algum fundamento, exige não somente a discussão do paradigma que alimentou toda a grande historiografia do século XX sobre a relação Jerusalém-Atena-Roma, da célebre obra de Leo Strauss[3] em diante, mas também uma reflexão sobre a própria gênese da democracia e do Estado de direito.

Só muito recentemente surgiu uma fissura nessa visão organicamente monolítica, com o nascimento de uma discussão sobre o termo *parrhesía* como direito/dever de dizer a verdade na *pólis* grega perante o povo, ao *démos*: direito-dever do qual dependem a possibilidade e a liberdade de falar publicamente a linguagem da verdade como expressão da própria subjetividade:[4]

....

3 L. Strauss, *Gerusalemme e Atene: Studi sul pensiero politico dell'Occidente*. Turim: Einaudi, 1998.

4 «Parrhesia e dissimulazione: La verità di fronte al potere», em *Politica e religione: Annuario di teologia politica 2012-2013*, organizado por T. Faitini e F. Ghia. Trata-se de um conceito estritamente relacionado com os de *pólis* e *polítes*: só para quem é cidadão e tem todos os direitos é com efeito lícito «dizer tudo». A *parrhesía* designa a liberdade, que é típica da condição do cidadão, contraposta à condição do estrangeiro ou do escravo (uma vez que a *parrhesía* não é concedida). Penso que o significado de *parrhésia* possa ser mais profundamente relacionado — saindo

no mundo helenístico, a cultura profética hebraica e a grega entram em dialética, mas mantendo suas diferentes matrizes de referência.

Essa certamente não é uma polêmica entre eruditos. A partir da secular *querelle* sobre a liberdade dos antigos comparada à dos modernos, lançada por Benjamin Constant na Restauração, também nos nossos dias na Itália a disputa sobre a democracia tende a se reduzir a dois polos, a duas vozes conceituadas e frequentes que se repercutem cotidianamente na opinião pública. Por exemplo, para simplificar: a de um jurista, Gustavo Zagrebelsky, com seu *Barrabás* — o criminoso escolhido pela massa com grito unânime para ser liberado no lugar de Cristo —, coloca em primeiro plano o perigo da ditadura da maioria e define a democracia como o conjunto dos instrumentos que nos permitem evitá-la;[5] de uma perspectiva diferente,

---

do contexto puramente semântico e dos esquemas de Michel Foucault — com o de profecia como denúncia que recebe do lado de fora dos palácios do poder.

5 G. Zagrebelsky, *Il «crucifige» e la democrazia*. Turim: Einaudi, 2007.

um historiador como Luciano Canfora, que investigou a identidade da Europa — baseando-se no longo período e partindo próprio do problema das origens gregas da democracia como governo da maioria —, apresenta a tese, em meu entender completamente parcial, da identificação da democracia com um sistema racional de normas baseadas num novo *démos*, fundamentadas numa ideologia de pertencimento, seja à nação ou à classe, na acepção marxista.[6] O quanto isso é importante para a interpretação do hoje, pode-se compreender lendo a afirmação de Canfora que o trabalho do historiador «está enraizado no pressuposto do valor da revolução de 1789 como acontecimento matriz de toda a sucessiva história da Europa»[7] e, portanto — eu acrescento —, «exportável». Não é certamente minha intenção desvalorizar a importância da Revolução Francesa na história euro-

....

6 L. Canfora, *La democrazia: Storia di un'ideologia*. Roma/Bari: Laterza, 2004. O posfácio da edição de 2006 também é interessante para a perspectiva de Canfora.

7 Ibid., p. 30.

peia, mas apresentá-la como única «matriz» da nossa identidade — negando, por exemplo, o profundo significado das revoluções inglesa e americana, que a precederam — não só deforma o passado como obscurece o futuro do Ocidente.

Retornando ao ponto de partida, isto é, ao surgimento da liberdade de expressão no interior de um grupo social no qual o governo político-sacerdotal tem o monopólio do poder, já expressei a convicção que ela nasce com a profecia, quando a palavra pronunciada por um deus que não tem nome (o deus do Antigo Testamento), não se identifica com a identidade coletiva dominante e com a lei positiva dos governantes, mas se manifesta mediante todos os membros do grupo, mesmo que não residam em palácios ou templos. Essa é a raiz da democracia na sua expressão positiva atual, ainda que a estrada para as soluções técnicas até a invenção da representação parlamentar eletiva tenha sido longa e difícil nos dois últimos milênios.

O problema explode quando a palavra do profeta, de denúncia dos limites e das injustiças sociais, tende a se estruturar dentro de Israel paralelamente à consolidação do poder sacerdotal e real com rupturas sempre mais frequentes e profundas. A profecia no Antigo Testamento representa substancialmente a contestação do poder real e sacerdotal dominante da parte de um personagem excluído ou externo ao sistema, como diríamos hoje, que sabe ler os sinais dos tempos para além dos interesses consolidados e representa a voz de Deus na condenação da injustiça e na proclamação de um caminho de redenção, paz e salvação do povo hebreu. Podemos dar infinitos exemplos, mas para nosso objetivo basta ler Isaías. Aqui é importante salientar a perspectiva política, quero dizer, que o desenvolvimento da profecia está totalmente entrelaçado ao desenvolvimento do sistema de poder chegando a ocupar por completo a cena no Livros dos Reis: a escolha do jovem Davi, excluído como último e pastor, representa o episódio mais conhecido de uma série que percorre todas as páginas da Bíblia, e não é só um exemplo, em termos éticos, de humildade — como frequentemente é compreendido —, mas também a contestação da autoridade consolidada, pois o mais interessante é que, entrando nas instâncias do poder, a profecia se corrompe e o profeta se perde, contamina-se.

A igreja como profecia institucionalizada

A tese da qual parti, embora para além das afirmações de Jan Assmann, é que a profecia não desaparece com a predicação do Evangelho, mas se incarna na Igreja como comunidade dos fiéis, não somente se distanciando do poder político («Dai a César...»), mas se estruturando em uma instituição distinta do poder: a profecia é proposta não só como voz de um indivíduo, mas como estrutura coletiva, social e cultural.

Nesse ponto é necessário dedicar ainda algumas palavras — em relação ao que já foi dito noutro lugar — sobre a fundação por parte de Cristo da Igreja como profecia institucionalizada na assembleia dos membros. Aqui nos encontramos diante de algumas passagens que singularmente me parecem claras, mas que, entretanto, devem ser colocadas em relação.

Como já escrevi sobre os passos de Franz Rosenzweig, a profecia é, não custa lembrar, de certa maneira institucionalizada: a Igreja é uma proclamação da Palavra de Deus, e não mais apenas da parte de um único homem, mas de uma comunidade ativa. A profecia deve ser exercida no interior da assembleia e se torna assim prática e estrutura coletiva, segundo a definição de são Paulo na primeira carta aos coríntios (14,1-5 e 29-33):

> Procurem, portanto, viver no amor, mas desejem intensamente os dons do Espírito, sobretudo o de profetizar. Efetivamente, quem fala línguas desconhecidas não fala aos homens, mas a Deus, e ninguém o entende. Movido pelo Espírito, diz coisas misteriosas. O profeta, ao contrário, faz crescer espiritualmente a comunidade, exorta-a, consola-a. Quem fala línguas desconhecidas faz bem apenas a si mesmo; o profeta, pelo contrário, faz crescer toda a comunidade. Ficaria contente se todos vocês falassem línguas desconhecidas, mas estaria ainda mais contente se tivessem o dom da profecia. Porque o profeta é mais útil do que quem fala línguas desconhecidas, a não ser que alguma pessoa o

> interprete, e assim a assembleia obtém um benefício [...]. O mesmo vale para os profetas. Falam dois ou três, e os outros julgarão. Se, no entanto, um que está sentado recebe uma revelação de Deus, o primeiro para de falar. Assim, um depois o outro, podem todos profetizar para instruir e encorajar os ouvintes. Quem profetiza deve controlar seu dom. Deus na verdade não quer a desordem, mas a paz.

O princípio fundamental é que a Igreja é uma comunidade histórica que, desejada por Cristo, se desenvolveu como instituição, enxertando na história um dualismo antes desconhecido entre o poder político e o poder sagrado no Império romano:[8]

> E assim a fé funda a união dos indivíduos enquanto indivíduos em vista de uma obra comum, e tal união por direito é chamada *ekklesia*. Embora esse nome originário da Igreja seja inferido da vida das antigas re-

---

8 F. Rosenzweig, *La stella della redenzione*. Casale Monferrato: Marietti, 1985, pp. 366-77.

públicas, que advertem aos cidadãos e os convocam para deliberar conjuntamente […]. Todavia, na *ekklesia* o indivíduo é e permanece indivíduo, e só a decisão é comum e se torna *res publica* […]. O mundo que para o hebreu é pleno de fluidos e trespassa «deste» mundo para o mundo «futuro» e vice-versa, para o cristão se articula no grande duplo ordenamento de Estado e Igreja. Do mundo pagão se disse, não erroneamente, que não se conhecia nem um nem outro. Para seus cidadãos, a *pólis* era Estado e Igreja por um tempo, ainda sem contraposição. No mundo cristão, Estado e Igreja se dividem desde o início. Na manutenção dessa separação está a realização da história do mundo cristão. Não é que a Igreja seja somente cristã e o Estado não o seja. O «Dai a César o que é de César» no curso dos séculos não tem pesado menos que a segunda metade do dito evangélico. Com efeito, de César provinha o direito ao qual a população se curvava. E na difusão universal do direito sobre a terra se cumpre a obra da onipotência divina, a criação […]. Assim, uma vez que está no mundo, visível e dotada de um direito universal, a Igreja não é de todo o Reino de Deus; tampouco o é o Império.

Em segundo lugar, no plano da especulação teológica — tecnicamente se pode falar de cristologia — é a «palavra» que se faz «carne»: a encarnação não diz respeito somente a uma relação entre a divindade e a humanidade, entretanto implica uma capacidade generativa da «palavra» como relação entre Deus pai e o Espírito Santo. Que hoje se imponha uma reflexão no plano teológico me parece evidente, mesmo que me declare totalmente incompetente. Com essa pequena incursão no passado, quero apenas mostrar que para compreender a crise do cristianismo ocidental não basta falar de secularização segundo os esquemas da historiografia corrente: só nos últimos séculos — como veremos — se passou de um cristianismo baseado na encarnação da Palavra (*et verbum caro factum est*, do *incipit* do Evangelho de são João) para uma civilização em que é a carne a evaporar-se na palavra, nas revelações dos videntes ou na imagem digital. Tornando-se carne, a palavra se transforma na história *in fieri*, cresce, caduca e se corrompe.

As duas Europas:
ortodoxia oriental e catolicismo ocidental

A primeira grande rejeição da encarnação da «palavra» é o que acontece no século VII com a fundação do Islã. Deus não se encarna, Cristo é um profeta e também o profeta Maomé se desdobra: em uma figura humana, o *profeta,* e em uma palavra imóvel, o Alcorão. Frequentemente, nas disputas atuais é imputado ao mundo islâmico — distinguindo-o em moderado ou não — não aplicar ao Alcorão os métodos crítico-exegéticos que no mundo hebraico-cristão com dificuldade se aprendeu a aplicar no curso dos séculos à Bíblia, mas não se compreende que sob essa recusa há um problema teológico que é a própria substância do Islã: a não encarnação da Palavra, de onde vem a recusa da Igreja como profecia institucionalizada: o Islã se define assim não como «uma outra religião», mas como a maior das heresias cristãs caracterizaram o crepúsculo da antiguidade. Penso que a simbiose entre o Islã do Califado e da Bizâncio do século IX não deve ser considerada apenas no plano cultural e político, mas também no religioso. Não sou um especialista em mundo islâmico, mas gostaria que alguém afrontasse esse tema que no Concílio Vaticano II e nos decênios sucessivos foi descrito somente como um diálogo inter-religioso.[9] A negação da parte do Islã (moderado ou não, sunita ou xiita) da Igreja como profecia institucionalizada torna impossível a distinção e a dialética entre a lei divina e a lei humana, entre o poder político e o poder sagrado, e põe em discussão a laicidade como conquista histórica do cristianismo ocidental no momento em que o transcendente desaparece do horizonte e se forma o novo monopólio global do poder político e econômico.

Limitando o olhar ao mundo que permanece herdeiro do Império romano-bizantino identificamos que entre o primeiro e o segundo milênio são definidos os confins de duas Europas. Pela separação

---

9 M. L. Fitzgerald, «Cristianesimo e Islam: A cinquant'anni dalla 'Nostra Aetate'», em *Munera: Rivista europea di cultura*, n. 3, 2015, pp. 111-27.

do cristianismo oriental, da ortodoxia e do catolicismo se fala de cisma e se constitui a data de 1054. Parece-me ainda que a esse propósito se deva realizar uma profunda revisão histórica relativa às opiniões correntes. O cisma não está entre as duas Igrejas, mesmo quando são protagonistas e responsáveis, mas na rejeição da Igreja como profecia institucionalizada diferente do poder político: separada do poder político; para além da tenda do poder imperial, como no discurso de Moisés citado acima. No mundo ortodoxo, a Igreja é incorporada ao Império e o representante sumo de Deus é somente o imperador: o primeiro artigo da lei humana é o Credo e todo cristão que não reconhece o imperador como único representante de Deus é um herege. São mantidos os mosteiros e os centros de espiritualidade que dominaram a cultura russo-eslava nos séculos seguintes até nossos tempos, mas a identidade entre o poder político e o religioso parece ter ficado igualmente forte, tanto com os tsares quanto com os soviéticos e com a Rússia atual de Putin. A tentativa de união do século XV com o Concílio de Ferrara-Florença não podia conseguir, como não podiam conseguir pelas opostas ideologias incorporadas nos dois sistemas todas as generosas tentativas ecumênicas feitas até nossos dias.

Na Europa ocidental, o início das tensões institucionais foi individuado no século XI. *A revolução papal* de Harold Berman certamente foi fundamental nesse sentido. Segundo Berman, com Gregório VII, o dualismo originário se tornou um dualismo institucional e a pertença múltipla se transformou em uma tensão aberta que punha em fibrilação contínua toda a sociedade europeia: a revolução papal foi a primeira das revoluções europeias, a mãe de todas as revoluções enquanto, des-sacralizando o poder político, o privou, ou, no mínimo, empobreceu-o de sua sacralidade intrínseca.[10] Com a formação da doutrina sacramentária, o nascimento do purgatório e do direito canônico, e o controle da confissão, da santidade e, portanto, de alguns modos de vida, a

....
10 H. J. Berman, *Diritto e rivoluzione: Le origini della tradizione giuridica occidentale.* Bolonha: Il Mulino, 1998.

Igreja ocidental formou em torno do núcleo institucional do papado um recinto do sagrado de alguma forma separado da esfera do poder político. Já tentei afrontar esses temas em outras investigações que aqui não pretendo resumir. Desejo apenas salientar, para que não haja mal-entendido, que não se trata de uma visão irênica: trata-se de uma luta conduzida frequentemente sem exclusão de golpes na qual a Igreja tende a se transformar em poder teocrático e o poder político defende com unhas e dentes a própria sacralidade.

A profecia é, assim, rejeitada às margens da vida da Igreja, fora do tempo da história, na espera do Anticristo e da segunda vinda de Cristo, engolida pelo apocalipse: a figura do profeta coincide totalmente no medievo com a figura do herético enquanto contesta o mesmo poder da Igreja, não apenas hierárquico e político, mas também sagrado e sacramental.

Por certo se pode observar que proporcionalmente ao crescimento do poder político da Igreja do Ocidente, (deixamos de lado o discurso mais complexo da Igreja ortodoxa do Oriente, em que a comunidade eucarística conserva de alguma forma uma força profética em relação ao poder imperial, na medida em que não afeta o exercício do poder), o profetismo tende a se refugiar no monaquismo eremítico ou a se transformar em oposição herética e, sobretudo, em milenarismo, que, recusando a Igreja institucional e não se refugiando em uma visão apocalíptica, não vendo um fim dos tempos próximo, cria uma ideologia que prevê e invoca uma renovação da sociedade e da Igreja, uma nova idade do espírito que caracteriza de diferentes modos todos os movimentos espirituais do medievo. De Joaquim de Fiore, de «espírito profético dotado»[11] segundo a conhecida definição de Dante, em diante o protesto contra o poder se pinta dessa projeção no futuro que não era nem predição segundo os cânones do antigo paganismo nem continuação da profecia veterotestamentária (que supunha uma liberação do povo hebreu), mas vestia as cores da reforma como reação à Igreja feudal. O binômio pro-

....

11 H. Grundmann, *Gioacchino da Fiore: Vita e opere*. Roma: Viella, 1997.

fecia-reforma — foi dito — torna-se uma das culturas fundamentais constitutivas da civilização ocidental.[12]

Nos séculos medievais advém numa espécie de sequestro institucional do carisma profético, no sentido de que, no período compreendido entre os séculos XII e XVI (ao menos na área católica até o século XVII), o papel das instituições eclesiásticas inibe o desenvolvimento da função profética de caráter carismático e, de fato, subalterniza o profeta a intérprete ou autor de previsões, em um contexto fundamentalmente ligado às páginas dos livros.[13] A discriminante ao interno do corpo eclesiástico, com o nascimento e a explosão dos movimentos heréticos anti-hierárquicos, para além do acampamento cristão e das ordens mendicantes é uma rivalidade entre o plano profético e o institucional, segundo a experimentação de Moisés: o problema central

....

12 J. W. O'Malley, *Quattro culture dell'Occidente*. Milão: Vita e Pensiero, 2004.

13 R. Rusconi, «Profezia e profeti dal secondo medioevo alla prima età moderna», em *Carisma profetico fattore di innovazione religiosa*, organizado por G. Filoramo. Brescia: Morcelliana, 2003, pp. 133-48.

se torna mais uma vez a desobediência às instituições. O poder vem, contudo, fracionando-se na concorrência entre a velha ordem feudal e as novas soberanias do Estado que crescem em toda Europa, nas cidades, nos Estados regionais, nos domínios e nas monarquias.

Desde o controle sobre a cultura na universidade até o desenvolvimento das gramáticas e das línguas vulgares e a reorganização das funções assistenciais, o século XV se afigura como um grande laboratório em que se preparam a idade confessional como formação de identidade ao mesmo tempo política e religiosa, e uma transformação da política do exercício da jurisdição e da administração da justiça em instrumento de formação e modelação, de regulamentação da vida do homem do nascimento à morte. Nesse sentido, a Reforma, para além do seu intrínseco conteúdo teológico, torna-se a manifestação mais coerente e extrema de um processo que nos territórios católicos é forçado a ambiguidades e compromissos: a *cura religionis* se torna uma das funções fundamentais da nova soberania enquanto o *cuius regio eius et religio* se torna o fator principal de constituição de identidade coletiva nessa fase inicial de gestação do Estado moderno. Aprofundando um pouco mais, talvez o fenômeno mais interessante seja o da «ideologização» da política: uma ideologia teológica que pouco a pouco vai crescendo e se torna capaz de se despir da sua veste teológica para alcançar a nova religião da nação.

O epicentro dessa transformação da profecia em projeto político deve, por conseguinte, ser procurado entre o final do século xv e os primeiros decênios do século xvi, e eu o localizo entre os sermões de Savonarola sobre o profeta Aggeo, em novembro de 1494, e a primeira edição de *Utopia*, de Thomas More, em 1516. É certo que o profetismo savonaroliano se traduz em proposta política na dramática tentativa de construir um governo «popular» e se choca com o novo poder do príncipe moderno teorizado por Maquiavel, precisamente enquanto por um lado nasce a utopia e por outro se difundem, em paralelo com o agravamento da crise política e religiosa após o início das guerras da Itália, formas de um pseudoprofetismo, gerado das manifestações milagrosas prodigiosas e das previsões de iminentes catástrofes. Em 1512-3, Nicolau Maquiavel compunha *O príncipe*, descobrindo os véus e delineando pela primeira vez as novas formas que o poder estava assumindo na dissolução da sociedade cristã medieval. A utopia pode nascer apenas quando, com a passagem à modernidade, se afirma o conceito de mudança e se mostra a possibilidade de projetar uma sociedade alternativa àquela dominante e de lutar para sua transformação em realidade. Por isso, ela é estreitamente conjunta nas suas raízes à passagem da revolta, do golpe de Estado (para substituir um poder por outro no quadro de uma imobilidade de fundo das estruturas) à revolução como instrumento para estabelecer uma nova ordem baseada num projeto diferente de sociedade.[14]

O que foi dito aqui sobre utopia pressupõe, portanto, não um simples processo de secularização de sentido único (da profecia à utopia), mas sua própria sacralização, ou seja, um enxerto em religiões que se desligam da «cristandade» tradicional para novos mundos. Acredito que é completamente inútil disputar sobre a continuidade ou descontinuidade do pen-

---

14 P. Prodi, *Il tramonto della rivoluzione*. Bolonha: Il Mulino, 2015.

samento utópico de Thomas More, mas é fato que seu pensamento é um divisor de águas entre duas épocas e dois mundos, não apenas por seu conteúdo (a nova ética pública e privada, a abolição da propriedade privada e a comunhão dos bens etc.), mas também por sua proposição distinta de todo o messianismo milenarista: é a visão de uma modernidade sem lugar e sem tempo, antípoda da descrita ou proposta por Maquiavel. Certamente a *Utopia* se põe em estreita colaboração com *Elogio da loucura*, de Erasmo de Roterdã, em um quadro humanístico de universalismo cristão. Como foi escrito, «pode-se dizer que o 'ótimo estado' descrito por More constitui uma representação de como as coisas deste nosso mundo poderiam ser se os homens seguissem sua natureza racional, ou seja, se deixassem guiar-se pela sabedoria e pela virtude, em vez da loucura ou, o que é o mesmo, das paixões, dos vícios, da irracionalidade».[15]

---

15 C. Quarta, «Utopia: genesi di una parola», em *Idee*, n. XIV, v. 42, 1999, p. 29; do mesmo autor, ver *Tommaso Moro: Una reinterpretazione dell'"Utopia"* (Bari: Dedalo, 1991).

Igrejas territoriais e confissões religiosas

Com essa expressão se pretende indicar o processo pelo qual na Idade Moderna o duopólio entre poder político e religioso tende a alcançar o máximo de expansão, contando com o controle dos comportamentos humanos e com o sufocamento de cada «voz» pública de desacordo. Os métodos são extremamente diversos, daqueles repressivos das diferentes inquisições (recordamos a diversidade entre a estatal espanhola e a romana) aos catecismos e a todas as manifestações de culto etc., mas a direção é de alguma maneira a mesma em toda a Europa: nas mãos dos princípios não é só a lei estatal que amplia seu poder sobre os crimes, mas também a disciplina que vincula a vida cotidiana das comunidades submetidas. No quadro antes descrito as instituições da cristandade ainda podem conviver com a proposta de uma nova ética e de um novo projeto político, mas no ano sucessivo à publicação de *Utopia* esse quadro começa a se desfazer com o protesto de Lutero. Não ocorre nem sequer esperar a evolução das coisas da Inglaterra, a longa parábola pública de Thomas More, a proclamação do Ato de Supremacia de Henrique VIII sobre a Igreja da Inglaterra e a execução no patíbulo do mesmo More (1535). A utopia é estritamente ligada aos novos movimentos político-religiosos e se transforma em ideologia com uma bifurcação fundamental entre a via do cristianismo radical e a que conduz à fundação das novas igrejas territoriais com diversas relações com os princípios ou com as comunidades republicanas em ascensão. Da sua parte, o cristianismo radical se divide entre o caminho das seitas, caracterizado pela convicção de que a utopia pode atuar em uma nova sociedade de perfeitos e eleitos dedicados à construção de um «Reino de Cristo» na terra, e o caminho daqueles que permanecem de alguma forma ancorados ao mundo de Erasmo e More, e vendo-se cada vez mais excluídos, contudo, de todo tipo de influência sobre a sociedade, isso quando não são perseguidos e martirizados, como Francesco Pucci, Giordano Bruno e Tomás Campanella (para citar só alguns nomes).[16]

....
16 Na imensa literatura, cf. o belo livro de G. Caravale, *Il profeta*

Eles são expulsos de toda a Europa e vistos com desconfiança pelos detentores do poder político de todas as confissões. Perseguindo-os o Santo Ofício da Inquisição parece desempenhar um serviço comum na nova Europa dos Estados (independentemente da sua confissão), para impedir o retorno a um passado imperial-papal que é visto como um inimigo dos novos Estados confessionais.

Obviamente esse modelo, como todos os modelos utópicos, concorrentes das seitas religiosas para a instauração de uma cidade de Deus sobre a terra, é rejeitado, derrotado pelo novo sistema dos Estados e se dispersa em mais direções: na elaboração da ideologia de uma idade de ouro arcaica, que parece muito diferente precisamente pela sua carga utópica e pela possibilidade histórica de um novo mundo de justiça e igualdade, retomando o mito antigo da «terra prometida», em que se descarrega a ânsia de renovação do puritanismo norte-americano. Prevalece, sobretu-

disarmato: L'eresia di Francesco Pucci nell'Europa del Cinquecento. Bolonha: Il Mulino, 2011.

do, a reflexão intelectual — filosófica e jurídica — do direito natural como fundamento de uma nova ordem universal, como é demonstrado pela leitura de Tomás Campanella por parte de Ugo Grozio.[17] A utopia perde com isso seu conteúdo utópico, encontrando um lugar intelectual para se tornar a base do pensamento constitucional moderno ou a ideologia da revolução como projeto rousseauniano de um novo homem-cidadão, de uma nova humanidade justificada não mais pela Igreja, mas pelas estruturas político-sociais que podem redimir o homem do mal. Nessa confiança na possibilidade de criar uma humanidade nova, mediante um projeto reformador ou revolucionário, faz-se não um simples processo de secularização, mas uma verdadeira transfusão da linguagem profética e messiânica dentro do novo pensamento político.

Já escrevi muitas vezes que a política moderna não nasce da secularização do pensamento teoló-

....

17 Cf. a introdução de L. Firpo em Tommaso Campanella, *Aforismi politici*, com comentários de U. Grozio (Turim: Giappichelli, 1941).

gico, mas do encontro dialético entre dois polos, o religioso e o político, com um processo de luta, mas também de osmose pelo qual a Igreja tende a se politizar (e cujo ponto máximo é a monarquia papal da Idade Moderna) e o Estado tende a assumir as funções antes reservadas à Igreja, de formação e modelição do cidadão plebeu, do nascimento à morte, modelação esta que será seguida posteriormente na religião da pátria. Quando o mundo da *christianitas* medieval entra em crise, abrem-se diversas estradas para a modernidade, que podem se esquematizar por comodidade, tendo, no entanto, sempre bem presente que se trata de realidades muito entrelaçadas durante os séculos da Idade Moderna e que operam contemporaneamente, não de modo isolado, mas sempre em diversas combinações no encarar concreto de diferentes soluções para o problema da relação entre o sagrado e o poder: a estrada da religião cívico-republicana; a via da recuperação da sacralidade monárquica; a estrada das Igrejas territoriais; a estrada católico-romana (baseada nos acordos de caráter convencional e nas nunciaturas).

Esse caminho que pareço ter feito nos meus percursos historiográficos dos últimos decênios aqui posso apenas recordar brevemente. É uma Europa ainda imersa na cultura e na língua latina, no direito romano, animada pela *republica mercatorum*, cujos limites internos não podem ser vistos como coincidentes com as fraturas confessionais, mesmo que suponham uma *fides* como base do crédito: uma multiplicidade de fermentos percorre seu interior tanto no mundo reformado quanto no católico no plano da política (das alianças cruzadas), da cultura, da nova ciência, da literatura e das artes, com um intercâmbio contínuo de pessoas e de ideias, criando profundas fendas na teologia entre ordem e movimentos espirituais.

Basta pensar nas artes figurativas ou na música para aniquilar as máscaras produzidas por uma historiografia de altíssimo nível, mas dominada pela obsessão confessional, tanto no sentido negativo quanto no positivo. Eu diria para aconselhar aos colegas — certamente melhores do que eu — que estudassem a história da arte e da música antes de escrever sínteses gerais sobre os séculos da Idade Moderna.[18] A evocação que fiz como externo não competente do caminho entrelaçado que leva do oratório da contrarreforma ao melodrama, caminho que encontra no Seiscentos de Claudio Monteverdi seu ponto mais alto, mas prossegue até Händel e Mozart, com milhares de outros artistas e escritores errantes literato pela Europa, ainda mais pelos clérigos medievais, reflete certamente o drama das divisões confessionais, embora sem permanecer aprisionado. Apresento um último exemplo, paradoxal, para me fazer entender. Um grande crítico musical escreveu agora que Johann Sebastian Bach «enquanto artista é contrarreformista, e não luterano»,[19] afirmação que eu nunca ousaria pronunciar há alguns anos e ainda agora me faz tremer por haver crescido espiritualmente com sua música.

Igualmente as explorações e os estudos, frequentemente esplêndidos, que nos últimos dois decênios

---

18 P. Prodi, *Arte e pietà nella Chiesa tridentina*. Bolonha: Il Mulino, 2012.

19 P. Isotta, *Altri canti di Marte: Udire in voce mista al dolce suono*. Veneza: Marsilio, 2015, p. 126.

vêm se seguindo à abertura dos Arquivos do Santo Ofício da Inquisição e da Congregação para o Indexos Livros Proibidos, têm confirmado esse diagnóstico: a Inquisição serviu não unicamente após o crepúsculo das guerras religiosas, mas também na fase mais aguda da fratura, não apenas para combater os heréticos adversários do posicionamento oposto, mas para apoiar a uma ou a outra facção dentro do próprio posicionamento confessional, ou para defender a fusão entre a Igreja e cada um dos Estados; o próprio declínio do poder da Inquisição no século XVIII é paralelo ao desenvolvimento do direito penal estatal que não absorve apenas os métodos processuais do Santo Ofício, mas também a aproximação, se não a junção, entre delito contra as leis estatais e pecado. Esse caminhi, não em vão, encontra seu auge nos códigos napoleônicos, após a Revolução Francesa, na identificação dos burgueses com o bom pai de família.

A fronteira, a falha entre a profecia-*parrhesía*, por um lado, e o poder, por outro, se move cada vez mais dos limites internos das confissões às nascentes tendências da opinião pública e da imprensa, não sem levar consigo grânulos teológicos; num sentido inverso o acampamento-abrigo da instituição eclesiástica e do papado em geral absorve o controle disciplinar do indivíduo da Idade Moderna apostando, sobretudo, na disciplina do sexo, da família e dos comportamentos da vida cotidiana em concorrência com a legislação estatal. O que nos interessa aqui é que, paralelamente ao crescimento do peso da disciplina eclesiástica, sucede a expulsão total da profecia-*parrhesía* também dentro das Igrejas confessionais, que sofrem uma profunda metamorfose.

Gostaria apenas de chamar a atenção para a torção que esse processo, na osmose com o Estado moderno,[20] produz na relação entre Igreja-profecia e Igreja- instituição. Ao centro desse processo de estatização da Igreja está a formação de uma jurisdição espiritual sobre as consciências, de um sistema de normas, paralelo à expansão do direito positivo estatal e em concorrência com ele, que é feito, sobretudo no século XVII.

---

20 P. Prodi, *Homo europaeus*. Bolonha: Il Mulino, 2015.

Já examinei com outro propósito esse processo, mas aqui quero também salientar seu caráter biunívoco: a secularização da moral e a «filosoficação» (por assim dizer), do direito positivo constituem um dos pontos centrais na consideração do processo de osmose. A tese que quero apresentar para a discussão a propósito da relação entre profecia e utopia é a de que o nascimento da teologia moral como disciplina autônoma modifica profundamente o estatuto da profecia e da utopia dentro do mundo cristão ocidental, seja nos territórios que têm aderido de várias maneiras à Reforma, seja na Igreja romana.

Metaforicamente seria possível dizer que se modifica a planta do acampamento da humanidade ou, melhor dizendo, que os dois acampamentos — a Igreja e o Estado — se organizam em construções diferentes e concorrentes de regulamentação de comportamento dos indivíduos. Tratei dessa questão em outras ocasiões, assim como se falou muito nos últimos decênios de «disciplinamento social» (com derivação da historiografia alemã, *Sozialdisciplinieurng*) para salientar que essas regras de comportamento não são só as que descem do alto, do poder político e das leis, mas também as que se formam dentro dos acampamentos, como as *Polizeiordnungen*, os estatutos das associações corporativas e mercantis, e as *Kirchenordnungen*, preceitos religiosos e catecismos. São expulsas de todos os acampamentos todas as vozes que não têm um timbre oficial da parte das autoridades reconhecidas, mesmo que em concorrência entre si: o profeta é assimilado por todo o lado desde o exaltado, eliminado ou inacessível.

Teologia civil e teologia política

Deixando para outros a análise dos panoramas políticos, quero apenas destacar as alterações ocorridas dentro das confissões religiosas e que tendem a marginalizar completamente a profecia: não só se constrói a teologia moral, mas, com o sacramento da confissão em campo católico, ou com outras instituições de controle coletivo entre os reformadores, se busca vigiar também as palavras não ditas, os pensamentos. Os decretos papais dos séculos XVII-XVIII se referem quase todos às matérias morais e aos comportamentos, e não mais aos dogmas (são postos de lado os temas da graça, da Imaculada Conceição etc.). Delineiam-se, com o enorme desenvolvimento das novas ordens religiosas, modelos de vidas de perfeição, de santidade que não deixam outra saída a não ser a obediência. A definição do processo de canonização dos santos a partir do decreto de 1623 de Urbano VIII parece sepultar definitivamente qualquer possibilidade de *parrhesía* ao externo ou ao interno das ordens. Delineia-se de diversas formas — nos países católicos com a multiplicação dos seminários e nas Igrejas reformadas com o profissionalismo certificado dos pastores — uma barreira não superável entre quem pode e quem não pode falar na assembleia, truncando os fios que ainda ligavam a população urbana ou rural àqueles pertencentes à hierarquia sacerdotal.

Como intuiu com grande eficácia Michel de Certeau, as transformações que se manifestam nos séculos XVII e XVIII permitem à sociedade europeia passar de uma organização religiosa para uma baseada na ética política ou econômica.[21] Procurei seguir nesta passagem alguns temas como o do juramento e da justiça, mas se trata ainda de primeiras explorações, que certamente devem ser aprofundadas.

Essencialmente, penso que se pode dizer que não se trata de uma secularização génerica dos conceitos teológicos, mas de sua metamorfose, que mantém em vida os diversos caminhos que foram desenvolvidos nos séculos precedentes (no curso do século XVIII surgiram religiões estatais e formas de Estado correspondentes às tipologias esquematizadas e aos seus entrelaçamentos). Temos, portanto, mais iluminismos e mais revoluções, que conseguimos compreender na sua realidade concreta apenas se abandonarmos a categoria geral da secularização e considerarmos, ao invés, a sobrevivência das raízes a partir das quais são geradas. Deixando de lado a decadente historiografia

---

21 M. de Certeau, «Du système religieux à l'éthique des lumières (17e-18e siècles): la formalité des pratiques», em *La società religiosa nell'età moderna*, Nápoles, 1973, pp. 447-509.

marxista, o ocaso da interpretação das gêneses dos processos revolucionários europeus unicamente como fruto do confronto entre a nova burguesia capitalista e a antiga estrutura aristocrático-feudal, abriu espaço nos últimos anos para interessantes explorações sobre as raízes religiosas e cristãs da Revolução Francesa. Compreendeu-se que a proliferação de credos e de catecismos políticos de funções públicas não correspondia apenas a uma assimilação de hábitos litúrgicos ou símbolos, mas a uma transferência ideológica muito mais profunda, em que se baseia a própria identidade do novo que avança, e além disso, compreendeu-se que as mesmas polêmicas e perseguições antirreligiosas e anticristãs podem ser colhidas com mais profundidade em uma visão mais próxima à visão das últimas guerras religiosas.[22]

....

22 D. K. Van Key, *The Religious Origins of the French Revolution: From Calvin to the Civil Constitution,* 1560-1791. New Haven/Londres: Yale University Press, 1996. Naturalmente muitas das novas interpretações, como neste caso a tese de Van Kley relativa ao papel do jansenismo, devem ser verificadas, particularmente após a saída do volume de C. Maire, *De la cause de Dieu à la cause de la nation: Le jansénisme au XVIIIe siècle* (Paris: Gallimard, 1998).

Enquanto a Revolução Norte-Americana se liga a Montesquieu e aposta tudo no projeto de religião cívica e de disciplinamento social com equilíbrio entre o poder político e a adesão a uma Igreja ou a uma comunidade de culto, a Revolução Francesa nas pesquisas recentes e não é mais vista em termos gerais como fruto do Iluminismo, mas é relacionada ao pensamento de Rousseau sobre a possibilidade de mudar o homem, de «salvá-lo» através do Estado e da vontade geral.[23]

O equilíbrio dos poderes, que Montesquieu define dentro do Estado, tem suas raízes no dualismo entre a consciência e a lei: pressupõe o duplo nível, entre a esfera das normas morais e a esfera do direito positivo, herdado da tradição das Igrejas permanecidas na órbita do papado romano e do *Commonwealth* inglês. Trata-se não de parar no estereótipo montesquiano da divisão dos poderes dentro do Estado, mas de compreender os fundamentos do pensamento do filósofo: o caminho da modernidade e o crescimento das liberdades não consistem tanto nos mecanismos institucio-

---

23 J. Israel, *La rivoluzione francese*. Turim: Einaudi, 2016.

nais da divisão dos poderes, quanto em uma dialética entre o Estado e a sociedade, entre normas positivas e normas superiores, éticas e religiosas, ao longo de um percurso que conduzirá, até nossos dias, na convivência, dentro da sociedade, de mais fontes normativas divergente em concorrência entre si, aquelas de origem estatal e aquelas de origem religiosa e sagrada. Ele teoriza o direito natural não mais como um corpo abstrato de leis, mas como o «espírito» das leis que se encarna nos vários países e nos vários povos, e com isso abre caminho ao novo constitucionalismo e à religião cívica como sua aliada.[24]

A Revolução Norte-Americana está profundamente inserida no processo de constitucionalização do Ocidente, e não pode ser avaliada simplesmente como sobrevivência de resíduos de uma sociedade patrícia de origem medieval, mesmo que tenha nascido dela. Nas diversas colônias, os direitos naturais se concretizam em um sistema integrado de cartas

---
24 Prodi, *Una storia della giustizia*. Bolonha: Il Mulino, 2000, pp. 420-2.

constitucionais que tornam o homem norte-americano um herdeiro legítimo do medievo europeu e ao mesmo tempo o projetam para o futuro. Parece-me ainda indiscutível a tese de Walter Ullmann de que é propriamente esse *humus* a constituir o terreno mais fértil para o nascimento da cidadania moderna.[25] O processo de constitucionalização que conduz à declaração de independência de 1776 e à Constiutição norte-Americana surge ainda fortemente enraizado em princípios teológicos e políticos extraídos da tradição, contrariamente à declaração francesa de 1789, que incorporará esses direitos ao próprio conjunto como autofundadores.

No enfraquecimento do componente estatal nos Estados Unidos, o componente religioso se insere no novo associativismo como elemento fundador da nova democracia. O processo constitucional Norte-Americano não conduziu à exclusão do Deus da tradição ju-

---

25 Cf. W. Ullmann, *Individuo e società nel medioevo* (Roma/Bari: Laterza, 1974), cujas palavras conclusivas são: «Nesse sentido, os Estados Unidos são ainda os herdeiros plenos do medievo europeu».

daico-cristã, mas ao seu alijamento da luta pelo poder e à sua definição metapolítica como garantidor dos pactos entre os homens. Os Estados Unidos são um país nascido da religião, não um país em que se cultiva a religião a serviço da política: dos pais da luta pela independência a Abraham Lincoln, Deus assume a figura de um *moral governor* e a religião foi base do pacto constitucional e da observância das leis civis do país, uma religião cívica portadora de uma ética pública republicana partilhada, mas não de uma religião política.[26]

Isso é completamente diferente da transição que é teorizada por Rousseau não tanto no conceito ambíguo de «vontade geral» do *Contrato social* quanto, sobretudo, no *Projeto de constituição para Córsega* e nas *Considerações sobre o governo da Polônia*, como projeto de verdadeiros e próprios Estados-Igreja em que emergem de modo particular nuances do cristianismo radical sobre a possibilidade de construir o Reino de Deus na terra, projeto que tomará corpo no

---

26 M. A. Noll, *America's God: From Jonathan Edwards to Abraham Lincoln*. Oxford: Oxford University Press, 2002.

jacobinismo dos tempos sucessivos: a religião do Estado, derivada da fusão do princípio da religião cívica com o da seita, fica com a predominância absoluta na afirmação da possibilidade de reformar a natureza humana, tornando-a boa e virtuosa através das instituições. A autoridade política faz um corpo único com o sagrado, o novo credo político coincide com a antiga confissão de fé, o juramento engloba o voto religioso, a consciência do indivíduo é absorvida na consciência coletiva da nação, os sistemas do direito e da ética se fundam em uma única realidade.[27]

Neste momento, os dois caminhos se distinguem. De um lado, há uma religião que podemos chamar de civil, na qual Deus é garantidor de um pacto político que os homens juram na sua constituição; de outro, há uma política que tende a absorver a religião no seu interior, construindo as novas divindades da nação, da classe e da raça. Delineiam-se então duas vias: uma que podemos definir a via das «religiões cívicas» e a

---

27 P. Prodi, *Il sacramento del potere*. Bolonha: Il Mulino, 1992, pp. 466-71.

outra, que podemos definir a via das «religiões políticas». Não se trata certamente de duas vias separadas, mas de dois caminhos de algum modo particularmente entrelaçados na história do pensamento teológico e do político-constitucional. Todavia, penso que uma distinção de base possa nos ajudar a compreender melhor nossos dramas.

No continente europeu, a história parece seguir a linha traçada por Rousseau. O problema no cerne do cinquentenário que vai aproximadamente de 1780 a 1830 parece consistir na perda do princípio de uma afetação dupla que havia caracterizado as idades precedentes: em vista do monopólio do controle e da modelação do homem, impõe-se apenas uma única fidelidade, à nação. O Estado sai vencedor da disputa, mas atravessando uma metamorfose relevante, englobando uma forte cota de sacralidade por uma Igreja forçada a uma linha defensiva sempre mais restrita: o emergir da ideologia do Estado-nação ao qual o indivíduo é consagrado como súdito e sucessivamente como cidadão desde seu nascimento (não pelo batismo). Essa tendência representa o elemento de uma continuidade substancial entre o reformismo do século XVIII, a explosão revolucionária, o experimento napoleônico e a Restauração. Naturalmente tal elemento de continuidade é raras vezes captado pelos contemporâneos, envoltos em uma luta que não concede tréguas ou neutralidade: os monarcas que se ofereceram como tutores da Igreja não conseguem suportar o peso da nova sacralidade sem recorrer à impessoalidade do mito da nação, única força capaz de sustentar a nova ideologia e sufocar qualquer discordância.

Não posso ampliar aqui essas afirmações genéricas. Fundamentalmente, bastaria retomar a célebre tese de Tocqueville: «Por que a revolução, que foi uma revolução política, avançou no modo das revoluções religiosas».[28] Apenas recentemente, parece-me, esse problema foi percebido como objeto de trabalho investigativo por parte da historiografia oficial após a superação do monopólio da interpretação social-marxista.[29]

....

28 A. de Tocqueville, *Scritti politici*. Turim: Utet, 1969, v. I, parte I, cap. III, p. 617.

29 B. Plongeron, *Conscience religieuse en révolution: Regards sur l'historiographie religieuse de la Révolution française*. Paris: A. et J. Picard, 1969. Id., *Théologie et politique au siècle des lumières*.

Mas, enquanto houve novas e interessantíssimas aberturas no plano da história cultural, das mentalidades e dos símbolos (de Michel Vovelle em diante), não me parece que tenham sido tiradas todas as consequências no plano da história constitucional e institucional.

Por conseguinte, é lógico que os grandes protagonistas — os quais refletem sobre as mudanças surpreendentes que acontecem sob seus olhos, sobre a Revolução e as revoluções — não possam apreender, também na transformação dos seus pontos de vista com o passar dos anos, essa continuidade, sendo eles mesmos transformados em *ideologues*, para citar uma expressão feliz.[30] Mesmo nos apologistas e tradicionalistas como Bonald, Chateaubriand, de Maistre ou

---

Genebra: Droz, 1973. D. Menozzi, *"Philosophes" et "chrétiens éclairés": Politica e religione nella collaborazione di G.M. Mirabeau e A. A. Latourette (1774-1794)*. Brescia: Paideia, 1976. Id., *Cristianesimo e rivoluzione francese* (síntese antológica). Brescia: Queriniana, 1983. L. Fiorani e D. Rocciolo (Orgs.), *Chiesa romana e rivoluzione francese 1789-1799* (inventário das fontes vaticanas e bibliografia atualizada). Roma: École Française de Rome, 2004.

30 G. Gusdorf, *La conscience révolutionnaire: les idéologues*. Paris: Payot, 1978.

o primeiro Lamennais não encontramos percepção alguma do processo de osmose e concorrência em ato, mas unicamente a contraposição entre um cristianismo originário e puro (com frequência unido ao mito romântico da cristandade medieval) e uma cristandade corrupta em sequência à reforma de Lutero e ao desenvolvimento das ideias modernas.[31] Apenas em um fragmento de Benjamin Constant sobre a luta entre o poder sacerdotal e o poder político e militar — não na apreciação sistemática dos seus *Princípio de Política*, nos quais teoriza a função social da religião como fonte da moral — encontramos uma avaliação histórica positiva das tensões entre os dois poderes para o fundamento da liberdade na Europa: na base dessas reflexões me parece que deva ser por sua vez aprofundado o tema da profecia-*parrhesía*.[32]

....

31 Sobre a vulgata italiana na primeira onda da reação, cf. a antologia de V. E. Giuntella, *Le dolci catene: Testi della controrivoluzione cattolica in Italia* (Roma: Istituto per la storia del Risorgimento Italiano, 1988).

32 Em apêndice a P. Thompson, *La religion de Benjamin Constant: Les pouvoirs de l'image* (Pisa: Pacini, 1978): «A maior parte

É sabido como a via seguida pela Igreja católica após a Revolução Francesa até ao Concílio Vaticano I, seja no plano doutrinal eclesiológico, seja naquele das práxis pastoral e política, foi de certo modo oposta àquele futuro vislumbrado por Rosmini e Tocqueville em direção de uma recuperação da autoridade, e, sobretudo, na correlação entre soberania e infalibilidade com o controle do homem-cidadão.[33]

dos escritores que se erguem hoje contra a potência espiritual não tem como objetivo restituir a homem sua legítima liberdade, mas quer ser colocado ao serviço de uma tirania às custas de outra. Quanto a nós, se devêssemos escolher, preferiríamos o jogo religioso ao despotismo político, porque sob o primeiro existe pelo menos uma identificação nos escravos, e apenas os tiranos são corruptos. Mas, quando a opressão é separada de qualquer ideia religiosa, os escravos mesmos são depravados, igualmente desprezíveis para os patrões» (pp. 579-581).

33 Y. Congar, «L'ecclésiologie de la révolution française au Concile du Vatican sous le signe de l'affirmation de l'autorité», em *Revue des sciences religieuses*, n. 34, 1960, pp. 77-114. Aqui são citadas as incisivas frases de Maistre: « Não se pode ser sociedade humana sem governo, nem governo sem soberania, nem soberania sem infalibilidade. Sem o papa, não existe Igreja; sem Igreja, não existe cristianismo; sem cristianismo, não existe sociedade. De modo que a vida das nações europeias tem, como dissemos, sua fonte, sua única fonte, no poder pontifício» (p. 82).

Tudo isso é conhecido há muito tempo. Aqui me interessa salientar que a expressão da consciência pública não é inalada apenas no voto eleitoral como batismo cívico, mas também, em canais propriamente religiosos, como novos e curiosos estudos sobre o desenvolvimento do culto de «são» Napoleão na França do século XVIII, têm recentemente demonstrado.[34]

Com a abertura dessa nova fase, os dois caminhos, portanto se distinguem e se entrecruzam novamente em dois acampamentos. Porém, o que nesta sede nos interessa investigar — o que até agora não me parece ter sido feito até as últimas consequências — é o que isso produz dentro da Igreja em relação à sua natureza de profecia institucionalizada.[35] No meu entender se produz uma distorção pela qual o anta-

....

34 V. Petit, *Église et nation: La question liturgique en France au XIX siècle*. Rennes: Presses Universitaires de Rennes, 2010; Id., «Saint Napoléon, un saint pour la Nation: Contribution à l'immaginaire politique français», em *Napoleonica*, n. 2, v. 23, 2015, pp. 59-127.

35 P. Prodi, «Dinamiche della Chiesa nell'età moderna e Concilio Vaticano I», em *Teologia: Rivista della Facoltà teologica dell'Italia settentrionale*, n. 1, 2015, pp. 15-28.

gonismo dos jansenistas e jesuítas se transforma não apenas na recuperação do velho galicismo, mas na transformação da severa religiosidade interior no núcleo da nova moral pública e da nascente ideologia da pátria. Da parte oposta o dito laxismo dos jesuítas salienta a necessidade da gestão do pecado por parte da Igreja e a desconfiança contra a corrupção do poder própria das grandes potências que estão afirmando seu predomínio global nos continentes não europeus com a Primeira Guerra Mundial (1756-63). Não se trata de aspectos secundários, mas de cenários que mudam a perspectiva histórica do próprio papado. Políticas concordatárias destinadas a transformar a *libertas ecclesiae* em privilégios reservados à hierarquia eclesiástica. Essa fase é destinada a se concluir com um acontecimento verdadeiramente épico: a abolição da ordem dos jesuítas, obra do mesmo papado, de Clemente XIV, em 1773. Talvez apenas agora, com a eleição do primeiro papa jesuíta, somos capazes de compreender a validade épica dessa data, da abolição da ordem dos jesuítas, e o indício de alteração que representava: paradoxalmente, parece, a Igreja tende a retomar, com uma inversa osmose, a carga sagrada que o período revolucionário e napoleônico havia injetado no conceito e na prática da soberania. É sobre essa base que, a custos muito elevados, o catolicismo do século XIX consegue superar a tendência a fragmentações herdadas do século precedente, do galicismo, do jansenismo político e do febronianismo episcopal.

Assim se abre o discurso sobre as religiões políticas no sentido pleno, ou, se quisermos usar uma linguagem mais precisa, sobre as religiões políticas que se encarnam nos totalitarismos do século XX. Podem existir diferentes acentuações, mas comum é a convicção que aquilo que caracterizou esses regimes em relação às autocracias, aos absolutismos e aos bonapartismos precedentes, às ditaduras, foi a imposição de uma confessionalização laica, de uma ideologia como novo «credo», e o sufocamento de qualquer palavra pública livre.[36] No fundo, os totalitarismos do século XX podem ser assimilados mais a patologias internas ao cor-

....
36 Para uma última reflexão, cf. E. Gentile, *Le religioni della politica: Fra democrazie e totalitarismi* (Roma/Bari: Laterza, 2001).

po da política e da religião ocidental na sua parábola final: o Estado nacional e as Igrejas haviam permanecidos os verdadeiros protagonistas: às vezes, numa tensão épica, às vezes com compromissos e renúncias recíprocas. Se essa osmose existiu, não podemos nos contentar com uma versão generalizada e genérica das religiões políticas ou seculares: ocorre proceder a uma análise mais articulada, referente não a uma genérica fenomenologia do sagrado, mas ao concreto entrelaçamento das Igrejas e dos grupos cristãos com a política ocidental nos últimos séculos e a osmose entre profecia e utopia desde o aspecto religioso até o político dos novos Estados liberais.

Em síntese, penso que se possa dizer que na tardia ou segunda modernidade (para mim concentrada entre os séculos XIX e XX), enquanto a profecia na Igreja se transforma, de Fátima em diante, em visão e em previsão de eventos futuros, à serviço da hierarquia romana, do poder eclesiástico, em harmonia com quanto evolui do ponto de vista dogmático com o Concílio Vaticano I e do ponto de vista disciplinar com o código de direito canônico de 1917, a utopia das novas religiões políticas, em particular do comunismo e do nazismo, assimila em si mesma o sagrado da profecia como esqueleto e programa do comportamento coletivo.

Hoje

Retornando, então, à tese inicial sobre a importância que a relação profecia-*parrhesía* conseguiu no desenvolvimento do Ocidente, do Estado de direito e da própria democracia, procurei indicar nos parágrafos precedentes as metamorfoses que permitiram a sua sobrevivência nas várias fases históricas: a permanência de uma pluralidade de ordenamentos jurídicos no medievo, a distinção entre *auctoritas* e *potestas*, a formação de uma pluralidade de Estados e de Igrejas territoriais em concorrência entre si e a presença dentro dos corpos políticos de uma religião civil não completamente absorvida no Estado-nação.

Agora estamos entrando em uma época nova em que os instrumentos fornecidos pelos Estados e pelas

Igrejas territoriais parecem não ser mais capazes de conter a sociedade que os produz: não que desapareçam, mas é evidente que nenhum dos dois abrigos é capaz de sustentar a dialética que permitiu ao Ocidente a conquista de suas liberdades. Tem-se falado de globalização também em relação aos séculos precedentes, em que o modelo europeu dominou o mundo (politicamente, culturalmente e religiosamente), com grandes repercussões no Ocidente dos valores de outras civilizações, mas agora essa fase parece bloqueada. Estamos perante um enorme processo de homogeneização, em que é a própria alma do Ocidente que é posta em causa: se assiste à perda de pontos de referimentos alternativos em relação aos grandes poderes dos impérios e do capitalismo internacional que estão se unindo em um monopólio único político-econômico: não existe outro espaço. Talvez seja isso que está levando de um lado o Ocidente ao suicídio pela falta de um respiro entre a consciência e a lei e do outro o monoteísmo islâmico à rebelião (já mencionei que desse ponto de vista não pode existir um Islã «moderado» a ser contraposto a um Islã extremista), à procura de um dualismo seu, entre a lei de Deus e a dos homens, sem a Igreja organizada como instituição.

O problema de hoje é determinado pelo ingresso em uma idade em que a alteridade — o dualismo entre o poder político e o sagrado — não pode mais ser expressa em uma relação Estado-Igreja como nos séculos da Idade Moderna, dada a crise institucional de ambos, dada a perda da «soberania» territorial tanto no campo temporal quanto no espiritual.[37] Posso dizer quase uma blasfêmia, mas falar agora de «Igreja livre em Estado livre», como nos ensinaram na nossa juventude, segundo o grande magistério de Camillo Benso, conde de Cavour, já não tem mais sentido. Os problemas nascidos com o multiculturalismo e os novos fundamentalismos supõem o desaparecimento não apenas do limite constitucional desses últimos séculos, mas também das raízes do dualismo institucional Estado-Igreja que este canal havia produzido a partir do medievo.

---

37 P. Prodi, *La sovranità divisa: Uno sguardo storico sulla genesi dello "jus publicum europaeum"*. Bolonha: Archivio storico Università, 2003. Aula inaugural do ano acadêmico 2002-3 da Universidade de Bolonha.

A análise do que aconteceu nos últimos cinquenta anos nas Igrejas cristãs, após o Concílio Vaticano II, parece demonstrar a outra face dessa passagem épica. Não podemos parar no contraste entre conservadores e progressistas que caracterizou — do meu ponto de vista em sentido negativo — a produção historiográfica em questão.[38] Creio poder afirmar que o Concílio Vaticano II foi interrogado e levado aos limites do éon da modernidade — dos Estados e das Igrejas territoriais — enquanto se compreendia que esse ciclo se encaminhava ao término, mas sem uma consciência do novo que estava chegando, apesar de recebido nos tremores e nos temores de Paulo VI. Certamente os problemas que encontraram uma saída conciliar apenas parcial na abertura das assembleias litúrgicas não eram solucionáveis puramente no plano da reforma das igrejas institucionais, da colegialidade episcopal, das estruturas paroquiais, dos seminários para sacerdotes etc. Assim como na

....

38 P. Prodi, *Giuseppe Dossetti e le officine bolognesi*. Bolonha: Il Mulino, 2016.

ala progressista da dita Igreja de base se continuava a contrapor à Igreja hierárquica uma definição genérica do «povo de Deus»: não se compreendia que essa oposição conduzia à mesma paralisação do lado oposto, com uma fratura da relação profecia-*parrhesía* sob a pressão das ideologias imanentes, externas ao abrigo, como o marxismo.

No meu modo de entender os dois papados de João Paulo II e de Bento XVI foram muito significativos, seja pelo emergir dos novos panoramas da globalização, seja pela descoberta das fendas e dos escândalos da instituição (para além de cada uma das revelações sobre pedofilia ou fraudes financeiras) — problemas que não podiam ser mais encobertos com o populismo das manifestações de massa ou com uma denúncia professoral no plano teórico. Só recentemente — e com a extraordinária renúncia de um papa — os tempos se tornaram maduros e algumas dimensões novas surgiram no horizonte após o fim da idade confessional. Não caberá certamente ao historiador emitir um juízo sobre o papa Francisco: três anos nessa transição épica são realmente uma gota; mas podemos dizer, entretanto, que não nos encontramos apenas diante da tomada de consciência de uma relação centro-periferia, mas de uma representação nova da passagem que reproduzi no início destas páginas: o papa Moisés (ao mesmo tempo comandante e profeta), que é conotado ele mesmo cada vez mais todos os dias sempre mais como «profeta», deixa que no acampamento se volte a profetizar.

Retornando ao quesito inicial e deixando de lado as opiniões já expressas em outros lugares sobre a necessária inclusão do Concílio de Trento e do Vaticano II no longo ciclo da modernidade,[39] creio que a discussão não pode se deter na denúncia de uma idade constantiniana que dominou a Igreja do século IV em diante, após o período da pureza primitiva. Creio poder afirmar que se, teologicamente falando, pode ter sido útil a elaboração do conceito de «idade constantiniana» para fazer face às teologias políticas do sécu-

....
39 P. Prodi, *Il paradigma tridentino: Un'epoca della storia della Chiesa*. Brescia: Morcelliana, 2010.

lo XX, do ponto de vista eclesiológico e historiográfico, ela se traduziu numa instrumentalização, como se para a Igreja bastasse sair da idade constantiniana, repudiar o compromisso com um poder externo, para reencontrar a pureza evangélica sem enfrentar o problema do seu ser sociedade humana — no sentido da própria reflexão de Agostinho sobre as duas cidades, a de Deus e a dos homens, e sobre a presença do pecado em todas as sociedades terrenas —, que incorporam em si também a corrupção. Como se fosse possível pôr toda a culpa em Constantino ou em uma simbiose com o poder por ele inaugurada e desenvolvida com diversas declinações (Igreja carolíngia, feudal, gregoriana etc.) até nossos dias, simbioses canceláveis com deliberações conciliares.

Não existe uma Igreja mãe e uma Igreja madrasta: a Igreja somos nós, e a corrupção não é um mal que vem de fora. Nos anos da contestação seguidos ao Vaticano II, se multiplicaram as denúncias da «Igreja constantiniana», avançadas com particular dureza em defesa do empenho social pela pobreza e pela revolução. Tomando consciência desse processo histórico, é preciso encarar o problema da reforma das estruturas em relação ao devir atual da sociedade. O entrelaçamento-embate com a política e a economia inerentes à vida da Igreja ao longo dos séculos deve ser declinado historicamente também para compreender os novos espaços do poder que estão a se formar na sociedade globalizada, espaços que já se tinha transformado no último meio século e com os quais a Igreja deve se relacionar.

Após o grande e trágico pontificado de Paulo VI, que procurou dar início à reforma das estruturas, em particular com a instituição do Conselho episcopal, mas que foi interrompido pela reação da cúria e dos medos de dissolução do primado petrino, após o pontificado carismático de João Paulo II, Joseph Ratzinger pôs o problema nos termos mais fortes possíveis com sua renúncia. E chegou um papa não apenas da periferia do mundo, mas também das *interiora* da Igreja.

Muitas das visões aparentemente reformadoras pós-conciliares, ao que me parece, beneficiaram no fundo as teses dos tradicionalistas mais conservadores que têm denunciado nessas tendências (teologias da libertação, ambientalistas etc.) o perigo da transformação do cristianismo em ideologia. Sobre esse altar, sacrificou-se a meu ver o componente profético da Igreja a favor seja das pressões progressistas-horizontais seja das conservadoras-verticais: prevalência do binômio Igreja do povo/Igreja hierárquica sobre o binômio Igreja-instituição/Igreja-profecia.

Os jornais, as representações telemáticas e as análises mais refinadas falam do papa Francisco como um «profeta», sem colocar-se o problema do que realmente significa essa proposição ou redescoberta, identidade entre a função do primado petrino como autoridade sobre a instituição e a *parrhesía* no acampamento eclesial: não se pode pensar a uma simples sobreposição. Numa fase de transição histórica tão ampla está ocorrendo algo de muito mais profundo, seja no exercício do primado do bispo de Roma seja na vida do acampamento, já nos últimos decênios após o Vaticano II, vimos nascer dentro da estrutura herdada do Império romano realidades completamente novas: dioceses sem territórios, movimentos cristãos clericais e laicos organizados de grande peso desviados da disciplina dos bispos, ou perto disso.

Na realidade, na relação profecia-instituição existem algumas mudanças que estão já sendo introduzidas de modo quase subterrâneo e que, independente da avaliação sobre os acontecimentos, são destinadas a mudar radicalmente o governo das Igrejas. A atenção sobre elas foi quase inexistente por parte dos teólogos ou canonistas, mas não pode escapar da atenção do historiador. Pensamos, por exemplo, na criação de dioceses sem território (as «prelaturas pessoais»), uma inovação que modifica verdadeiramente a história milenar que estávamos acostumados a estudar na distinta relação (vertical e de colegialidade) entre o papa e o episcopado territorial. Pensemos no grande desenvolvimento dos movimentos religiosos de todo tipo — da potente Opus Dei aos pequenos grupos evangélicos e pentecostais — não enquadrados ou com laços muito frouxos com as paróquias e dioceses, que expressam uma sua «palavra».[40] Numa esfera mais ampla e indefinida, pense-

....

40 Nesse plano, o cardeal Joseph Ratzinger escreveu páginas realmente inovadoras em que se vislumbra a necessidade de re-

mos no multiplicar-se das comunidades pentecostais e evangélicas nas quais a ligação de disciplina é quase nula. As Igrejas nascidas da Reforma protestante também estão sofrendo transformações análogas: o nexo estreitíssimo que caracterizava a relação profecia/utopia nas antigas «seitas» protestantes está desaparecendo. Já foi dito e escrito tantas vezes que este é um papa que veio do fim do mundo (*finis terra*), da periferia; mas talvez seja exatamente o oposto: tudo está se movimentando e não existe mais uma relação centro-periferia segundo o esquema herdado do Império romano como fundamento do primado do bispo de Roma para garantir a unidade da Igreja, e está a nascer algo novo, outra relação entre profecia e instituição.

pensar completamente o enquadramento territorial das províncias e das dioceses que o cristianismo herdou do Império romano, o mesmo de onde partiu nosso raciocínio. Essa deslocalização da Igreja em um mundo secularizado e multicultural não pode se furtar a mudar radicalmente a gestão do ministério petrino do primado e não pode deixar de levar a uma recuperação da *personae* do papa negligenciada nos últimos séculos na Igreja tridentina (cf. Prodi, *Il paradigma tridentino*, op. cit.).

Neste momento o historiador deve terminar com uma interrogação: o aprofundamento deve ser deixado aos teólogos.

MASSIMO CACCIARI

GRANDEZA E CREPÚSCULO DA UTOPIA

FENOMENOLOGIA DA UTOPIA MODERNA

É tarefa árdua definir, em termos gerais, uma «mentalidade utópica»; o famoso livro de Karl Mannheim é prova viva disso.[1] A utopia contrasta radicalmente com a realidade em ato? Deveríamos, então, considerar utópica toda teoria revolucionária ou, mais precisamente, eversiva. A utopia não se coloca o problema da realização das ideias que propõe? Afirma, todavia, o desejo de sua completa realização e, como não tender à realização daquilo que se deseja, tendo a prepotência de usar como desculpa a *necessidade*? A utopia representa um *alter mundus*? Qualquer *projeto* pretende fazê-lo, pelo menos na medida

....
[1] K. Mannheim, *Ideologia e utopia* (Bolonha: Il Mulino, 1957) constitui o ponto de referência clássico para os argumentos que abordaremos. É parte integrante do debate cultural e político na República de Weimar (a primeira edição alemã é de 1928-9). Para uma visão e bibliografia de conjunto sobre o argumento é útil também A. Neusuess (Org.), *Utopie* (Neuwied; Berlim: Luchterland, 1968).

de não querer parecer pura e simples *re-forma* de uma Ordem precedente — e a própria *re-forma*, se realmente trabalha para re-atualizar um sistema decaído ou desaparecido, projeta algo que na atualidade parecerá, em todo caso, *novum*. A diferença com a ideologia, ou a mentalidade ideológica, parece talvez menos obscura, desde que ela seja chancelada de «falsa consciência», ocultação de contradições reais, justificação preconcebida de pontos de vista particulares operando dentro do processo histórico. Não faz sentido, de forma alguma, falar de «irrealização» da ideologia (como também não o faz para a utopia). Ideologias e utopias são efeitos de outras causas, representam funções integrantes do sistema sociocultural determinado historicamente. Seus fins não se realizam? Em que sentido se afirma isso? Devemos primeiro definir nossa hipótese de em que consiste propriamente seu *fim*. É evidente que para Thomas More não se trata de fundar Utopia, ou para Francis Bacon, a Nova Atlântida. Para ambos, trata-se de elaborar ideias reguladoras, ou melhor, de instituir *paradigmas*. Só nesse sentido se pode afirmar que a *Politeia* platônica continua a ser seu modelo. Irreais, as utopias? Logicamente «inconsistentes»? De maneira nenhuma; são pensadas como *horizontes* possíveis de processos históricos concretos. Abstratamente separadas da realidade tangível? Não; amadurecidas pela sua observação e estreitamente ligadas a fatores e sujeitos intrínsecos ao seu desenvolvimento. Elas funcionam, por isso, como paradigmas tangíveis, fatores decisivos do processo que julgam determinantes e que incitam a determinar. Desse modo, para delimitar a diferença entre utopia e ideologia, será sua *forma* que terá importância fundamental. É a ideologia que pretende se apresentar como objetiva; característico da ideologia é se encobrir de afirmações fundamentalmente realistas. A utopia joga, em vez disso, com o paradoxo e, frequentemente, com a ironia. A ironia, parente próxima da autêntica *sképsis* (daí a relação entre certos aspectos da utopia e o pensamento libertino), indaga, desencantada, sobre a realidade presente e, sua própria característica paradoxal, manifesta plenamente a exigência de uma decisão drástica. Mas em nome de quê? De uma simples mudança política, por quanto radical? Certamente, não só. De uma N*ovitas* sentida *tout court* como impossível? Também não; a utopia não é nunca sonho, ou é *apenas sonho de olhos abertos*. E abertos sobre o quê? Sobre as condições do presente, já foi dito. Mas enquanto nele são percebidas as potencialidades do que se *sonha* fazer amadurecer, ou enquanto as contradições do presente aparecem tais, a conduzi-lo fatalmente e *finalmente* ao crepúsculo? Olha-se para o presente porque seu ventre está repleto de energias que o destruirão ou, ao contrário, de forças, intrínsecas ao seu sistema, e de certo modo «solidárias» com ele, que conduzirão, se «liberadas», a superar suas lacerações e injustiças? A história da utopia se divide ao responder essa pergunta; por isso, acredito eu, é impossível traçar sua evolução como produto de uma única *forma mentis*.

O que a faz unitária é na verdade a sua diferença radical não só com o «romance utópico» antigo,[2] mas,

....

2 Arquitetar uma «corrente áurea» da utopia dos mitos da idade de ouro, através de Atlantis, até certos aspectos do romance helenístico, das *Cartas* de Anacarsi à *História verdadeira* de Luciano, é teoricamente absurdo, além de historicamente sem sentido. (Bloch também ama traçar essas grandes «sínteses», que têm o

o que conta, sob o aspecto, seja político, seja filosófico e teológico, com a *profecia*. A forma utópica propriamente entendida pertence integralmente ao Moderno, ainda que isso não exclua, de modo algum, que, em determinados momentos, ela se *confunda* com a própria dimensão profética que a possa caracterizar. Certos elementos comuns (a natureza extrassacerdotal da profecia, por exemplo, embora excessivamente enfatizada por Max Weber) não podem esconder *a* diferença: a história, para o profeta, é integralmente epifania divina, ou melhor, diálogo-conflito entre a vontade, os *lógoi* de Deus, e o povo que Ele elegeu. Só *in cognitione* da Palavra de Deus, o profeta *locutus est*. Não é propriamente nem pre-visão, nem pre-dição, mas afirmação aqui-e-agora, em *parrhésia*, daquilo que ouviu do seu único Senhor, e que lhe impôs repetir diante do povo

---

sabor das «catenas áureas» humanísticas de Zoroastro e Hermes dos neoplatônicos. Cf. *Das Prinzip Hoffnung* (Frankfurt a. M.: Suhrkamp, 1977, cap. 36). A utopia moderna nasce com a grande crise do início do século XVI. Os mitos antigos e clássicos se regem sobre uma concepção do tempo radicalmente distinta; a Utopia é a Terra prometida a ser conquistada, não uma idade perdida. Cf. M. Eliade, *La nostalgie des origines* (Paris: Gallimard, 1971).

de cerviz dura (por isso, precisamente, *pro*-fecia). A sua própria esperança está *actu* naquilo que ele, em perfeita obediência, escutou. E dado que perfeitamente fiel, isto é, digno de fé, é o Senhor, ela é esperança paradoxal, esperança *certa*, não assimilável àquela da qual se trata na forma utópica. Sobre a dimensão messiânica fundamental na profecia e sobre a mistura que ela pode gerar com a utopia, retornaremos depois — até agora, podemos afirmar que a utopia moderna se apresenta, ao contrário, como uma construção racional, precisamente em suas indagações paradoxais, e que nunca pressupõe um irromper do divino na história, a ponto de determinar uma descontinuidade absoluta. A utopia é essencialmente a ideia de um *evolver-se* da história em direção a um futuro, se não precisamente calculável, com certeza, paradigmaticamente válido, em sua imagem, a orientar o agir presente. Futuro que o homem é considerado capaz de perseguir e alcançar obedecendo substancialmente a nada mais que à própria razão e à própria *natureza*. Iniciar a utopia com o joaquinismo e os movimentos quiliásticos medievais, como quase sempre foi feito, parece-me, por conseguinte, inteiramente enganoso. A utopia não lê o destino no livro da Promessa divina, não pre-diz baseada em sua exegese revolucionária. Ela analisa sujeitos e energias em ato, que procedem *iuxta propria principia* à realização de fins intramundanos; e destes extrai a inspiração para definir o próprio paradigma. Portanto, é legítimo falar de pelagianismo radical na utopia moderna.[3] É desnecessário dizer que o profetismo promove transformações culturais e sociais formidáveis, mas seu fundamento teológico não tem nada a ver com a *filosofia* da forma utópica (mesmo quando esta parece carregada de um ar religioso, como em Campanella). Já a insistência completamente utópica sobre os motivos pedagógico-progressivos é estranha ao espírito profético: profeta se é *immediate a Deo*; o homem e seu mundo, ao contrário, não podem senão *devir* utópicos. O profeta sabe que o homem nunca poderá se salvar sozinho, e nutre a suspeita mais orgulhosa nos confrontos com toda forma de soberania; podemos dizer que ele ignora toda utopia possível em torno a qualquer Soberano,

---

3 E. M. Cioran, *Histoire et utopie*. Paris: Gallimard, 1960, p. 134.

reconhecendo nela a verdadeira origem do pecado («grande é o pecado que vocês cometeram pedindo um rei para vocês», 1 Samuel 127). A utopia pertence, em resumo, desde sua origem, ao processo de secularização das ideias teológicas, que caracteriza *pensamento e práxis* da Europa moderna.

Próxima à utopia afigura-se, na verdade, a ideia de *Paz*, que se caracteriza como a época do grande Humanismo, quando aparecem justamente *O príncipe* do florentino «maldito», a *Utopia* de Tomás More e o *Institutio principis christiani* de Erasmo.[4] Obras estranhas ao espírito profético (a última ainda mais que as outras, já que nela a ação da Graça destina-se a favorecer a educação *humana* do príncipe, para torná-lo defensor dos *iura humanitatis*, modelo de um éthos antitirânico: «*christianum imperium nihil aliud esse quam administrativam beneficientiam, quam custodiam*») e, todavia, mesmo que de modo distintíssimo, indicadoras da ne-

---

[4] Sobre essas «relações perigosas», existem páginas iluminadoras de D. Cantimori nos textos reunidos em *Umanesimo e religione nel Rinascimento* (Turim: Einaudi, 1975).

cessidade de perseguir o fim de uma Ordem política que ultrapasse a contínua «guerra civil», interna à Itália pelo realista Maquiavel, devastadora da inteira cristandade, para os humanistas More e Erasmo. Uma *loucura* (*furiosíssima insanidade*, chama a guerra Leonardo!). Esta *stásis*, que, impedindo qualquer concórdia, impede também o desenvolvimento econômico e militar dos Estados europeus. *Pax fidei* e potência política não podem andar separadas. O humanismo insistiu na primeira, fornecendo os instrumentos conceituais *e a linguagem* para expressá-la, mostrando os seus fundamentos, a tradição secular; é necessário agora — no momento em que a época assume um verdadeiro sinal trágico-apocalíptico — encarar com firmeza o outro lado do problema, aquele propriamente político, político-institucional. Qual ideia de soberania, qual ideia de *Estado*, poderá nos levar a ser *concordes*, ligados verdadeiramente um ao outro, por força da mente e do *coração*, livremente, não pela «servidão natural»? Não detém talvez o máximo poder quem reina sobre os *animi* dos súditos? Impossível, no momento, determinar ou calcular tais ideias? Impossível prever os tempos e os modos de poder realizá-las? Provavelmente — e, todavia, imaginá-las é, sim, possível, assim como representá-las, *pintá-las*, segundo aquela força de dispor em imagem (*imagines agentes!*) que o próprio Humanismo havia ensinado. E a imagem não é absolutamente fantasma, ela se move, suscita energias inesperadas, é realmente eficaz. Os nossos utopistas também haviam compreendido isso, do autêntico significado que a Retórica (a arte que forma o *sermo* do *civilis vir*) assume no pensamento do Humanismo.[5] Da época que atinge a crise, em todos os sentidos do termo, sem dúvida também herdeiros da fogueira de Savonarola, eles são, porém, herdeiros bem conscientes da necessidade de repensar radicalmente o significado do seu patrimônio. Da «descoberta» do Clássico e da *força* do seu dizer, da *inventio* que ela consente de uma nova *ars* expressiva, é necessário passar à *descoberta* real de novas terras, de uma Ordem capaz de compreender, em si, a partir de então, um mundo saído das antigas amarras, que logo

....
5 Sobre o nexo entre *politico* e *civilis vir*, cf. M. Viroli, *Dalla politica alla ragion di Stato*. Roma: Donzelli, 1994.

ao traçar um limite, o transgride, *de-lira* para além dele. A erudição, a ironia melancólica, o riso e o pranto (Demócrito *e* Epicuro!) que Erasmo conseguia conciliar em si, já não bastariam para navegar rumo à Utopia.

Dá-se no rastro da utopia a abertura ao Moderno. Longe de ser fábula, mito, simples sonho, ou de representar uma nostalgia por origens perdidas, a forma utópica enraiza-se no drama histórico, confronta-se concretamente com seus fatores, para se perguntar em termos últimos, paradoxalmente, em quais condições seria concebível a *orbis concordia*. Um *sistema de pensamento* é o da utopia que visa definir uma Ordem sociopolítica *des-localizada*, universal, «livre» dos vínculos do *tópos*. Nisso, ele parece assim, desde o início, propriamente com More, estreitamente ligado, pelo seu caráter *global*, ao progresso técnico-científico, ou, mais precisamente, à ideia de uma técnica guiada pelas ideias e pelos modelos científicos.[6] A

----

6 C. Schmitt, *Glossario*. Milão: Giuffrè, 2001, pp. 67-9. Mas, obviamente, devem ser vistos os ensaios reunidos em *Stato, grande spazio, nomos* (Milão: Adelphi, 2015) e o clássico *Il nomos della terra* (Milão: Adelphi, 1991).

forma utópica não fornece *projetos* políticos determinados, todavia não é de todo estranha à *forma-projeto* dominante no Moderno. Poderíamos dizer que ela expressa a dimensão *escatológica* do projeto, a ideia-limite que o circunscreve e, embora «salvando» a própria concretude programática, ele é chamado a orientar-se. Projeto que vale, ao mesmo tempo, como *de-cisão* de um passado e prefiguração de um futuro, do qual a real possibilidade é garantida pela individualização real do percurso e dos meios através dos quais persegui-lo.[7] O projeto será tanto mais eficaz quanto mais à altura estiver de «antecipar» o futuro, na forma presente, do seu dispositivo lógico-prático. A utopia «salta», certamente, o nó da «economicidade» dos instrumentos necessários para a perseguição do fim, mas não contradiz absolutamente tal dispositivo; ela pretende, na verdade, mostrar o horizonte ou o sentido último, consciente de que isso poderá tornar

-----

7 Para uma análise da «forma-projeto», devo remeter ao conjunto dos meus textos contidos em M. Cacciari, *The Unpolitical: On the Radical Critique of Political Reason* (Nova York: Fordham University Press, 2009).

mais sólida as fundamentações, tanto teóricas quanto práticas. A utopia se coloca na passagem entre o pensamento ético-retórico do Humanismo, a ideia de Paz que o animava, a crise irreversível que o atropela entre os séculos XIV e XV e a formação do sistema dos *Estados*, novos sujeitos do Espírito do mundo, organismos que não podem conceber a própria *auctoritas* senão em termos *espirituais*, e que, por isso, devem ser capazes de se orientar também segundo uma própria «escatologia». A forma utópica participa intimamente disso na primeira *idade da descoberta*. A figura de Colombo paira sempre nas utopias: a nova *Terra* não seria nunca alcançável se não nos movesse o ímpeto *escatológico*, a *mania* também religiosa que animou as empreitadas dos grandes navegadores; o possível não se realiza se não se tenta aquilo que no passado parecia impossível. Uma figura completamente nova de *peregrino* irrompe na história; a estrela que segue é certamente aquela do seu *projeto*; a realização deste último, todavia, assume o aspecto e quase o valor de uma revelação divina, do realizar-se de uma promessa divina. Fundamental é, no entanto, também distinguir a forma utópica da forma da *aventura*.[8] O aventureiro não projeta; ele se dispõe em um estado de completo «abandono» ao *kairós*, ao *instante* que pode transfigurar o fluxo da vida em uma forma acabada, satisfeita consigo, «contente». O homem da descoberta, aquele para o qual o navio é a única e verdadeira casa, olha sempre para além do horizonte, *calculando e projetando*. É o homem, ao mesmo tempo, do éschaton e do projeto. A utopia é escatologia secularizada: mantém-se nela a ideia do Fim, mas isso é essencialmente o produto de um devir histórico, tornado possível por forças nele operantes, mesmo que ainda distantes de terem assumido a «soberania», à qual se acredita firmemente sejam destinadas. Precisamente o tema da utopia moderna consiste em individualizá-la, em fazê-las emergir do complexo das práxis tradicionais, e enfim, indicar o regime político que seria a ele perfeitamente coerente. A atenção à nova *sociedade civil* que vai amadurecendo em relação ao Príncipe, ao So-

---

[8] G. Simmel, «L'avventura», em *Ensaios de cultura filosófica* (1911). Parma: Guanda, 1993.

berano; o problema de qual forma deve assumir para podê-la verdadeiramente *representar* — eis as inquirições que «abre» a utopia e que, mesmo com inúmeras refutações, continuarão a intrigar o pensamento europeu ao menos até o século XIX.

Uma nova *subjetividade*, intolerante a qualquer «tirania», vem se estabelecendo. Todavia, ela está sempre *em perigo* no seu caminho, não só porque está circundada, e, às vezes, assediada pelas ordens e poderes antigos que seu progresso ameaça, mas também por causa da sua intrínseca tendência a se dividir, fragmentando-se sobre a base de interesses *individui*. Por isso será necessário, antes de tudo, definir sobre qual fundamento comum tais *individui* possam fazer-se *universali*, qual *Comum* eles expressam, conscientemente ou não. E daqui passar, logicamente, ao problema do Estado capaz de representar tal universalidade, de estar *ao serviço*. Nunca como em Utopia a forma--Estado denuncia todo o seu potencial antinômico: por um lado, deve satisfazer às exigências maximamente dinâmicas dos sujeitos que «custodia»; por outro, *nomen- omen*, sua ordem é chamada a uma *longa duração*, a conservar-se o quanto possível, a subsumir — chegar-se-á a dizer — o tempo no seu conceito. Precisamente em Utopia as duas dimensões se correspondem: estabilidade perfeita da forma-Estado e dinamicidade «desenfreada» das energias subjetivas que lhe dá força. A conciliação entre as duas é justamente o éschaton, o Fim, que a forma utópica se esforça em retratar.

Na *Utopia* de Thomas More, a lição do Humanismo florentino ainda ressoa com força; o problema da forma-Estado ainda se coloca naquele tradicional de *res publica*, uma república perfeita em que a *concórdia* entre os cidadãos nasce quase espontaneamente da bondade da sua *natureza racional*. Existe, sim, um Príncipe, mas ele é eleito, decai tão logo aspire a se fazer tirano, e nada poderá decidir fora dos limites do senado e das assembleias populares (bem distante, portanto, do Rei do *Institutio* erasmiana, ainda que, como este último, voltado exclusivamente à segurança e ao bem-estar dos seus cidadãos). A atenção do Chanceler parece toda dirigida ao éthos dos habitantes da Ilha feliz, que foi *de-cidida* da terra firme europeia pelas guerras civis e pode almejar, por isso, àquela *voluptas*, àquele prazer «que a natureza mesma nos impõe como fim de todas as nossas ações», e que nos remete ainda ao pensamento do Humanismo, ao grande Valla em particular. Mas a discussão não se limita certamente a esses aspectos gerais.[9] O primeiro livro inteiro, com acentos de realismo maquiavélico, desenvolve uma consideração direta da «loucura» dos conflitos que os utopistas pretenderam justamente se separar — e do qual, seguindo o exemplo, será necessário que todos finalmente se separarem, se verdadeiramente se quiser dar um novo ímpeto «à melhor forma de república». Uma oligarquia de ricos está abocanhando as terras, subtraindo-as à cultivação, esfomeando as massas. Não pode existir igualdade se as riquezas são distribuídas de modo absolutamente desigual; todavia não se trata de uma citação literária, fim em si mesma, do «comunis-

---

9 Não só devem ser recusadas as interpretações «medievalistas» do pensamento de More (segundo uma perspectiva análoga a certas interpretações do Humanismo, como a de De Lubac), mas também as que o reduzem substancialmente a Erasmo. Parece-me ainda válida a abordagem de J. H. Hexter do contexto social e histórico da obra do chanceler, *More's Utopia: The Biography of an Idea* (Princeton: Princeton University Press, 1952).

mo» platônico (não é por acaso que More atenua a carga, citando, embora *en passant* e mostrando não compartilhá-la, a crítica que faz dela Aristóteles); o tema é imerso na realidade da situação histórico-social: não é mais tolerável que «um número tão grande de nobres» viva das fadigas de outrem, nas costas dos seus arrendatários, «como pachás». Gian Francesco Doni, o editor italiano de More, em seu *Il mondo savio e pazzo* (1568), tornará ainda mais áspera a polêmica contra os nobres que «muito consomem e nada ganham». O éthos de Utopia não admite *rendas*, não admite que se possa enriquecer permanecendo de braços cruzados; a ociosidade, mais do que a riqueza de poucos, é o espetáculo propriamente repugnante. Todos são *colocados para trabalhar* — e o próprio fim do prazer deve ser subordinado a esse imperativo categórico! Mas qual trabalho? Certamente não aquele do serviçal que corteja proprietários e cavalheiros. *Trabalho produtivo* deve ser trabalho que *aumente* a riqueza comum e não se limite somente em consumi-la. O tema não é desenvolvido; poucos acenos apenas sobre os comércios de Utopia e sobre a estrutura da sua agricultura, liberada de qualquer morto-vivo; e, todavia, aqui se introduz um tema fundamental para caracterizar, em conjunto, o significado da forma utópica.

Cidadania e atividade produtiva formam um binômio indissolúvel. Participa da *res publica* apenas o *trabalhador produtivo*. Aqui está *o Comum*, o verdadeiro Bem comum, que harmoniza na raiz, que torna «iguais» os cidadãos. Nenhuma simples «política distributiva» alcançaria o objetivo, nem sequer, por si mesma, a abolição da propriedade privada. Só a participação de todos para o *trabalho comum*, segundo suas capacidades e com todas suas forças, cria as condições para uma real concordância entre *pessoas livres*. Nenhum soberano, por mais iluminado, príncipe ou assembleia que seja, poderia produzir artificialmente o éthos no qual eles encontram morada comum. República perfeita, verdadeiro *Estado*, será concebível apenas onde os diferentes *estejam* unidos no trabalho produtivo, onde se reconheça o fazer de cada um como um aspecto e um membro do trabalho que produz o bem-estar geral. A polêmica contra o dinheiro assume aqui um significado inteiramente diferente daquele da condenação tradicional da usura; nos termos extremos que são próprios da utopia, tal condenação expressa agora o novo éthos de uma sociedade civil que no *ser-para-o-trabalho* reencontra o próprio valor fundamental. Cada um responde ao bem-estar comum, faz-se *responsável* pela busca da felicidade comum, através da *produtividade* do seu empenho laboral. A qualidade dos resultados que obtém torna-se sinal e *medida* do valor da sua própria pessoa. A indissolúvel ligação entre ética do trabalho e ética da responsabilidade aparece assim *concretamente* prefigurada na forma utópica. A utopia é *figura futuri*: figura do futuro da sociedade formada pelos *alltätige Menschen*, sinal para Hegel da Idade Moderna, onde o *otium* torna-se des-valor absoluto e não subsiste teoria dissociável da práxis. Tal inseparabilidade será feita própria pelos Prometeus da «grande transformação».[10] Essa ideia se apresenta já tão amadurecida em Thomas More que chega inclusive a representar motivo para ele declarar

---

10 K. Polanyi, *La grande trasformazione* (1944). (Turim: Einaudi, 1974); D. Landes, *Prometeo liberato* (Turim: Einaudi, 1978).

um *iustum bellum*; não apenas é completamente justificável a fundação de colônias em outros continentes quando a população da ilha cresce mais do que deve, mas se considera «justíssimo motivo de guerra» contra um povo o fato de que este não se sirva da terra que possui e «a tenha vazia e inútil sem permitir o uso e a posse a outros». O *bellum*, em geral tão odiado pelos utopistas, cessa então de parecer *belluino* e se impõe para o fim supremo do bem-estar universal, tal como, no caso, já previsto nas teorias medievais de «guerra justa», da *defensio innocentium*, «por compaixão de um povo oprimido pela tirania, da opressão e da escravidão». Também a exportação do ideal *ou-topico* (desraigada de toda determinação local) de *res publica* é, como se vê, causa digna de guerra. O caso «filantrópico» da «guerra de libertação», que retorna na Cidade do Sol de Campanella, é acompanhado, dessa forma, ao «da conquista» dos territórios não tornados «justamente» úteis, não colocados à disposição do trabalho produtivo, não «abertos» à obra de civilização.

Note-se: esse conceito de trabalho não tem nada de empírico. Seria também extremamente ocioso um esforço que se reduzisse à mera prática, não guiada pela teoria. Trabalho «verdadeiro» é sempre síntese de teoria e práxis. Esse é o *leitimotiv*, pre-figurante e projetor, que une as mais complexas expressões da forma utópica. Na *Cidade do Sol*, ele se especifica e se glorifica. Seus habitantes não só «riem de nós que chamamos os artífices de infames, e dizemos serem nobres aqueles que não aprendem nada de arte e são ociosos e colocam o ócio e a luxúria a serviço da ruína da república», mas eles sabem que as «artes» são soldados válidos apenas quando a ciência as conduz. A imagem do Príncipe-Sol de nome Metafísico, líder espiritual e temporal, não faz mais que reiterar esse princípio: qualquer forma do fazer é condenada a decair em empiria «ociosa», se não for conduzida com método científico, ou seja, com base em um conhecimento de *rerum natura*. O termo «metafísico» perde aqui qualquer entonação puramente especulativa para significar *iluminação*, análoga àquela que o sol mesmo produz, das forças da natureza, que o trabalho sucessivamente saberá retirar do ventre da Mãe para benefício exclusivo do homem. Todos os conhecimentos se harmonizam, ao máximo, no saber «a raiz e a prova de qualquer arte e ciência, e as semelhanças e as diferenças das coisas, a Necessidade, o Fato e a Harmonia do mundo, a Potência, a Sabedoria e o Amor divino e de cada coisa»; todo trabalho visa a tal fim, regula-se sobre essa *escatologia*, mas o que conta é que esta exige, em toda disciplina, uma teoria fundada na *experiência* das coisas, não «estudada em livro», inimiga de toda inércia e de toda «memória servil». Somente tal *theoreîn*, intrinsecamente *prático*, consentirá ao trabalho humano de exprimir todo o seu poder, sua *magia*. Dele surgem as mais extraordinárias *invenções*; se os utopistas tinham-se limitados à impressão e à fabricação de papel, os habitantes da Cidade do Sol vão muito além: eles têm naves que «sem vento e sem remos caminham», «encontraram a arte de voar, que falta hoje ao mundo, e esperam um telescópio para ver as estrelas ocultas». Como o sol pela sua natureza ilumina, desvela e *nutre*, assim a teoria *produz*; o progresso da *ars- téchne* é efeito imanente à Causa, e a Causa é *projeto* que se completa somente na obra.

Também Campanella, como More, parece mais interessado aos aspectos ético-civis da sua utopia, que à nova forma e à nova dimensão que o trabalho adquire nela. Aqui o nexo entre as duas dimensões não aparece ainda organicamente resolvido. O grande sistema astrológico da *Cidade do Sol* encobre a compreensão de que seu funcionamento se rege mesmo naquele nexo teoria-práxis que indicamos.[11] Isso fica claro, por sua vez, com *Nova Atlântida*, de Francis Bacon, publicado em inglês em 1626, poucos anos após o escrito de Campanella (redigido em 1602). Retorna no *ludibrium* baconiano, o tema do distanciamento necessário da Terra prometida pelos *idola* que dominam no «continente»; retorna o medo de *contágio*, de que o estrangeiro proveniente de povos não *educados* possa portar à ilha terras *inférteis* e mares infestados

---

11 E, todavia, é evidente como a Cidade do Sol não pode se reduzir anacronicamente a um fruto tardio do Humanismo e deve ser entendida como documento essencial daquele momento histórico decisivo «em que ciência e religião, técnica e justiça social procuram, através de encantamento, um ponto de encontro extremo comum» (N. Badaloni, *Tomás Campanella*. Milão: Feltrinelli, 1965, p. 347).

de *piratas*. Mas agora domina a imagem da força invencível da sua *saúde*. O fato de que seus sábios realizem as expedições pelo mundo de modo *camuflado*, à caça dos *verdadeiros* tesouros (ciências, artes, oficinas, livros, instrumentos, espécimes), «postura» já por si cartesiana, não é sinal de temor, e, sim, expressão do próprio caráter do poder autêntico: ver sem ser visto, como do alto de uma torre-*panopticon*, observar tudo protegendo zelosamente os próprios *arcana*. A *autonomia* de Bensalem perde, assim, todo o caráter «defensivo»; sua luz é certamente destinada a uma afirmação universal. E essa fé se rege propriamente sobre a força produtiva que a nova ciência da natureza permite. Essência do trabalho produtivo é, na verdade, obra do cientista-inventor, daquele que na base da pesquisa e da descoberta «da natureza verdadeira e íntima das coisas», «das causas, dos movimentos e das forças internas da natureza» *estende* «ad omne possibile» os limites do poder humano. Todas as páginas conclusivas do escrito são insistem no «*habemus*»; os habitantes de Bensalem são caracterizados exatamente por isso: pelo possuir. Eles não dispõem apenas de oficinas e laboratórios onde produzir bens de todo tipo, mas até mesmo de máquinas que reproduzem o voo dos pássaros e cascos de barcos capazes de se moverem debaixo d'água; eles não só têm em mãos a força dos ventos e das águas; chegam a ser *patrões* da mesma geração de novas espécies de plantas e animais. A transmutação da própria natureza humana e, acima de tudo, a exigência de seu *crescimento*, é o último horizonte inevitável do sistema de pensamento utópico (isso será repetido por Huxley em *Admirável mundo novo*). Spengler identifica bem em uma página de *Crepúsculo do Ocidente*: a vida toda se faz aqui *objeto* do pensar (ou seja, da ciência), ser *pertencente* ao Cogito. Não há nenhum milagre! Ninguém se curva aos milagres, como ainda acontecia na Utopia de More. A natureza interfere em tudo. E é próprio da *natureza* da inteligência humana conseguir produzir uma *neonatura*, através de combinações, metamorfoses e manipulações de todo tipo. A possibilidade de alcançar a tal posse-domínio da natureza é vista estar, *actu*, em sua infinidade gerativa; é do seu próprio seio que *o trabalho* humano, na sua forma mais alta, suprema, aquela técnico-científica, a extrai. A forma utópica se configura definitivamente em Bacon, em certos aspectos, como imagem de um trabalho específico e de sua necessária *organização*.[12]

Esse último aspecto se delineava já claramente em More e em Campanella, mas, uma vez mais, se faz explícito só em Bacon: tal *posse* da natureza seria, efetivamente, impensável sem uma organização coletiva da ciência, se a pesquisa técnico-científica não assumisse a forma de uma *empresa universal*. *Nova Atlântida* não mostra simplesmente em ação *monstratores* individuais (descobridores de realidade já existentes e, sobretudo, inventores de outras), mas um orgânico *cérebro social*; cada pesquisador, técnico ou cientista situado em uma hierarquia transparente e na divisão do trabalho, sabe que o próprio sucesso depende da *responsabilidade* de cada um para atingir o fim comum. Entre as partes da empresa, a uto-

---

12 Para o enquadramento dessas posições na totalidade do pensamento baconiano, embora nos seus limites epistemológicos, não considero que hoje se possa ainda acrescentar muito aos resultados da pesquisa de P. Rossi e Francesco Bacone, *Dalla magia alla scienza* (Bari: Laterza, 1957).

pia postula que existem condições de comunicação e transparência perfeita. Verdadeiro, na sua forma, é só o todo, mas o todo é o produto do trabalho especializado de cada um dos seus membros. Todos são essenciais, mesmo que anônimos, como os construtores das antigas catedrais. Utópica é uma organização perfeita do trabalho, que permite obter a completa *posse* das forças da natureza chegando a *re-criá-la*; novo Céu e nova Terra conseguidos *lento pede*, através do progredir metódico da pesquisa e da experimentação. Apocalipse, revelação, a república de Bensalem, potencialidades criativas *naturais* da mente. Ocorre, contudo, para que elas possam se exprimir, que sejam modeladas por um único princípio; é necessária uma filosofia que oriente o crescimento, não basta uma ética ou uma moral. Todas as atividades de Utopia se concebem como «no ventre de Deus», elementos da harmonia do único Verdadeiro, dado que Deus é quem deu ao ente o nome de *utilitas*. É o Fator do Tudo que concebeu o ser em ato de cada coisa no rastro da utilidade. Não mais somente como em More, o Autor e Artífice fez «esta máquina do mundo para que o homem a visse [...] razão pela qual tem mais apreço por alguém que seja um contemplador pleno de curiosidade e admirador de sua obra». Ele não criou esse grandioso e admirável «espetáculo» para que o contemplássemos, mas para que criássemos à Sua imagem, e para tornar realizável tal fim, fez com que o ser em ato do ente, *enérgeia*, coincidisse com seu *ser-aí* útil. Todavia, deve ser levado a essa perfeição; é o trabalho técnico-científico a guia-lo, a *pro-duzi-lo*, do ser-útil em potência ao ser-útil em *actu*. Determinar a passagem concreta da potência a ato afigura-se assim como a tarefa, a missão dos *übertätige Menschen* no seu perfeito cooperar, fundado sobre a unidade do método, da linguagem e do fim. Tem-se algo que está muito além do que a simples ideia da potência da mente capaz de progredir *ad omne possibile*; trata-se, propriamente, como, noutros aspectos, em Campanella, de fundar tal ideia de progresso sobre um pressuposto onto-teológico: essência do ente é o ser-útil; segundo essa forma, isso está «no ventre de Deus», e por isso fazemos a Sua vontade apenas quando operamos *re*-criando a coisa *para nós*. Conquistar aquelas invenções, aquelas indústrias que fazem a força de Utopia é possível, porque finalmente tornamo-nos conscientes de que o ente *está no próprio fim*, só quando possuímos toda a energia em *actu* e a colocamos a nosso serviço.

Tudo isso — a ideia da nova síntese teoria-práxis, de um trabalho científico-inovador socialmente organizado, de uma comunidade ética fundada sobre ele e o princípio de *utilitas* do ente, que daquele trabalho e dessa comunidade, constitui o pressuposto metafísico — não bastaria, entretanto, para dar conta do valor concretamente pressuposto-programático da utopia moderna. Dentro de qual *sistema* o projeto técnico-científico pode expressar toda a força própria, de maneira a que se realize o *Bem comum*, o fim da universal felicidade? Claro, semelhante projeto pode fracassar por defeitos intrínsecos, pela fragilidade do seu método, por não ter conseguido fazer com que emergisse os próprios pressupostos e o próprio fim. Mas fracassaria da mesma forma se uma *vontade política* resultasse suficientemente forte para contradizê-lo, ou seja, se essa vontade construísse um sistema *re-acionário* ao seu conteúdo progressista. Na forma utópica, pode parecer que o problema seja eminentemente o de «imaginar» o regime perfeito — na realidade, essa ideia é quase deduzida das instâncias imprescindíveis que nascem da afirmação do novo *sujeito*: o cérebro social técnico-científico. Também a esse propósito, como em toda a filosofia política moderna, o «percurso» platônico se apresenta invertido: da *polítes* à *pólis* (do *civis* à *civitas*), da laboriosidade do indivíduo ao sistema total, que saiba torná-la verdadeiramente produtiva. A república «imaginada» deve apresentar-se como um modelo coerente de Estado, totalmente funcional às exigências das formas produtivas-criativas do trabalho, ou seja, de um Estado que compartilhe os fins, *libera* as energias, elimina os obstáculos e as resistências que se opõem ao seu afirmar-se universal. Utopia não é nem a república ideal em si, nem se reduz às atividades que nela se desenvolvem – utopia, *eu-topia*, vale propriamente somente como conciliação entre as duas dimensões; Utopia, resumindo, é o Estado do *augmentum scientiarum* indefinido. Tolerância e *libertas philosophandi* assumem teor vigoroso, crítico, desencantado com os princípios imprescindíveis que garantem tais *augmentum*, enquanto pressuposto da força integral, em todos os sentidos, do Estado. É substancialmente a mesma posição que será defendida por Espinosa no *Tractatus*: negar a *libertas philosophandi* significa destruir «juntos a compaixão e a paz do Estado».

Aqui também o percurso se desenvolve de More para alcançar com Bacon o seu êxito praticamente definitivo. A concórdia que reina em Utopia é ainda substancialmente do tipo comunitário-orgânico, derivando dos ideais humanísticos de *paz*, de um republicanismo moderado e de uma forma de religiosidade (retomaremos esse ponto) radicalmente antissectária. Já com Campanella muda o quadro. A Cidade do Sol é um grandioso *artifício*, construído numa correspondência pontual entre micro e macrocosmo, a partir da disposição da Cidade, onde nenhum aspecto, nem sequer os nomes dos nascidos, é casual. A unidade completa é garantida pelo sumo sacerdote, «que se chama Sol» e para o qual «levam todos os caminhos». Em resumo, essa unidade se distingue, no entanto, *trinitariamente*, nos «Princípios colaterais», Potência,

Sabedoria e Amor, cada um com a própria «cura» e livre para eleger seus «oficiais»; eles podem ser mudados «conforme a submissão à vontade popular», embora os Quatro primeiros, não; eles mesmos «cedem» por si só «a quem venha saber mais do que eles, e ter mais talento comprovado». Até o Sol, por conseguinte, imagem, sim, mas imagem terrena, do Monarca divino, poderá «se demitir», induzido a isso apenas pela própria sabedoria sublime. E todas as decisões tendo por mérito as necessidades da Cidade devem ser discutidas a «cada nova lua» pelo grande conselho no qual «entram todos os acima de vinte anos». A arquitetura institucional, pesadíssima em comparação com a de Utopia, articulada como um grande «teatro da memória» sobre funções, matérias, profissões escolasticamente definidas, configura uma «máquina» ainda extrínseca em relação às energias dos saberes, das atividades e dos comércios que deveriam constituir a alma da Cidade. Não se trata, de forma alguma, de uma «máquina» absolutista; e, no entanto, seu desenho que «imerge» do alto, na realidade do trabalho produtivo, não nasce dele. Saber e poder mantém-se bem distintos, e Campanella as admite a contra gosto (o Hóspede: «não pode saber governar quem se dedica às ciências», e o Genovês, contramestre de Colombo: «Eu lhes disse isso e me responderam: «Mas nosso Sol ainda que seja mau governante, não será jamais cruel, nem perverso»).

Com Bacon, essa dupla perspectiva se unifica e a forma utópica revela a própria ideia de fundo: a perfeita unidade de *verum* e *posse* (bem superior à do *verum-factum*!), de saber e potência. Não só a exaltação da nova forma de trabalho social, produtivo enquanto cientificamente fundado e conduzido, atinge um ápice do qual a imagem não será jamais superada, mas se faz evidente a consciência de que tal forma não tolera uma estrutura político-social deforme de si. O ato que caracteriza a obra do «herói fundador», Solamona (Salomão), dedicado somente, como seus antecessores de Utopia e da Cidade do Sol, a fazer seu Reino feliz, é a instituição de uma Ordem ou Sociedade «que nós chamamos *Domum Salomonis*», a mais nobre entre todas as do globo terrestre, «consagrada à observação das obras e das criaturas de Deus». Nos documentos antigos tal Sociedade era chamada «Colégio das obras dos seis dias», à memória daqueles que o Senhor *labutou* para a criação do mundo. O homem *in hoc sacculo* pode legitimamente ser descrito como imagem somente do Deus «ao trabalho». O Colégio não conhece repouso, nunca desiste da procura «da natureza verdadeira e íntima de cada coisa», daquela *luz* que é a primeira das criaturas e da qual nascem aquelas maravilhosas invenções de que falamos. Os felizes habitantes de Bensalem sabem, por sua vez, que o próprio Solamona-Salomão, o *rei* fundador e *profeta,* era também *cientista* (eles possuem um escrito desconhecido no continente, uma *História natural* sobre cada ser vivente). Esse Colégio, que constitui o fundamento da força econômica e do primado tecnológico do país, faz às vezes, ao mesmo tempo, de mente e de guia de todo o Estado. O coração e a *pupila* onividente da sua estrutura econômico-produtiva corespondem, na verdade, ao seu governo político. Não há mais um Metafísico a regê-lo; o princípio da soberania se imana completamente no dispositivo técnico-científico. Já não há nem mesmo um simples atrito entre as duas dimensões. As finalidades da grande Academia regulam todos os aspectos das formas de vida de Bensalem. Apenas às primeiras, porém, está reservado o poder; somente elas possuem efetiva *auctoritas*; o organismo realmente decisivo em determinar o *aumentam scientiarum* deve coincidir com o local da decisão política, dado que ele é *auctor* do progresso e do bem-estar do Estado, ou seja, do único fim que justifica a própria existência de uma dimensão política. O trabalho *criativo* é por direito natural-racional chamado a dominar na forma-Estado, isto é, o trabalho dos *eleitos*, de quem *asceticamente* se dedica mente e corpo à missão-*Beruf* mais árdua e *produtiva*, com o mesmo rigor obstinado com que um eremita ancião podia dedicar-se à oração. Trabalho perfeitamente hierarquizado, ou seja, *dividido*: a divisão do trabalho penetra assim na esfera ética, racionalizando-a em função do sucesso econômico.[13]

Translatio imperii — eis a ideia dominante da forma utópica: que a autoridade política seja «trans-

---

13 À forma da utopia, considero que teria sido justo dedicar um capítulo à *Die protestantische Ethik und der Geist des Kapitalismus!*

ferida» para as mãos da real *potência da época*, do *sujeito-chave* das suas transformações, das suas descobertas e conquistas. Loucuras e catástrofes do tempo presente derivam dessa falta de *concórdia*, ou melhor, *coincidentia*; se não se tiver o olhar fixo para esse fim, permanecerão os males do presente: a avareza da acumulação improdutiva, já central nas denúncias de More; a vontade de potência «tirânica»; a nostalgia reacionária e ignorante daqueles pseudossaberes que representam ídolos e superstições do passado. Segurança e paz não poderão nunca ser garantidas se Político e Academia não celebrarem bodas indissolúveis. É da própria natureza da atividade científica lhes exigir. Como poderia progredir a pesquisa, que não se pode pensar senão *in-finita*, se faltasse plena *libertas philosophandi*? E qual liberdade poderia se dar em uma situação de guerra, quando o conflito, sobretudo o civil, absorve necessariamente toda a energia? A liberdade de estudo, pesquisa e experimentação implica, assim, também a de religião, de culto; e será consequência necessária do efeito do estudo científico, a destruição desses *idola* que alimentam sectarismos e inimizades. A tarefa do Político consiste na eliminação de todos os obstáculos que possam impedir a afirmação triunfal do espírito da Academia; a forma institucional do país se quiser *servir* o povo, deve *interiorizar* completamente tal espírito, até coincidir com ele. O Político demonstrará ter compreendido o próprio significado e a própria missão quando, para resumir, souber se *superar* como dimensão autônoma para se transformar em nada além do fator do dispositivo técnico-científico-econômico. Se o problema da utopia moderna tinha parecido, desde o início, a concordância entre trabalho, profissão e ética da responsabilidade, por uma parte, e formas de poder político, por outra, agora o problema se «fecha» com a afirmação de que, para o Espírito do mundo, única *auctoritas* legítima, a única que é «justo» obedecer (da parte de cada indivíduo, para o próprio interesse, pela paz, a segurança, o bem-estar), é o grande *sujeito coletivo* que multiplicando as energias do cérebro social, trabalhando ininterruptamente, *sem celebrar nenhum domingo*, cria a riqueza espiritual e material de todos. O profeta fundador político, o *inovador*, lembra, portanto, o mito de Bensalem, orienta-se por seu paradigma: institua como pilar do Estado a Academia, atribua ao crescimento dela todo recurso disponível, inspira toda forma de vida no modelo da sua organização. Então o Político que se alimenta da luta pelo poder, *intra moenia* e entre os Estados, desvanecerá, finalmente, no seio dessa sociedade civil sempre *em festa* exatamente por estar sempre *toda ao trabalho*.

Irrealismo da utopia? Demonstração que a forma utópica é drasticamente distinta da projetada? Então por que Hegel teria estimado tanto Bacon? Precisamente porque, também para ele, nossa era é marcada pelo primado da *auctoritas* do saber enquanto ciência, *Wissenschaft*, da importância cada vez menor do Filosófico-Metafísico, da filosofia enquanto «nome de amante».[14] Também para ele a forma-Estado terá *potestas* real apenas se for intimamente coerente à forma da empresa científica. Claro, o poder estatal assume, em Hegel, uma dimensão autônoma decisiva, tem

---

14 Sobre esses aspectos filosóficos, não posso remeter senão a M. Cacciari, *Labirinto filosofico* (Milão: Adelphi, 2014).

raízes ético-étnicas na história e na cultura dos povos irredutíveis à universalidade do projeto científico; e, todavia, também o Estado é *individualidade universal*, ao universal tende sua vontade de potência específica, e tal «vocação» será destinada ao malogro se não conter em si, como fator propriamente fundamental, a potência do saber que se revela na nova ciência. A vontade de potência estatal se transformará em vontade de impotência, se não for nutrida pela *auctoritas* desta última. E não é talvez apenas nela, que, de fato, ao final do processo que se inicia com a utopia e se consolida com a forma-Estado, *acreditarão* os cidadãos? Em que mais *creem* e quem tem *crédito* com eles? Hegel reconhece com clareza a natureza prefigurante e projetual da utopia. Em muitíssimos aspectos a própria ideia de Estado como encarnação do real-racional (do real, note-se, já com plena autoconsciência de seu ser racional) pode parecer como herdeira legítima, muito além das aparências e das leituras escolásticas que continuam a ser feitas.

O núcleo problemático da forma utópica gira, portanto, em torno à relação entre Político e potências intelectuais. Estas constituem, literalmente, a *criticidade* do Político moderno. Para que os conflitos e as contradições desta Era possam dar vida a uma ordem, ou seja, a um Estado, é necessário que se dê um movimento duplo e complementar: de um lado, essas potências devem assumir a orientação e a *organização* próprias do intento coletivo; por outro, o Estado é chamado a reconhecê-las como fator decisivo da sua própria legitimidade. Um Estado que as limitasse em sua *liberdade* não contrariaria apenas os *iura humanitatis* em abstrato, mas, enfraquecendo a *produtividade* do inteiro sistema, não ajudaria ao bem-estar do povo e perderia, por isso, toda *auctoritas*. De um lado, o saber que se fez *ciência* não alimentará mais a *scepsi* puramente negativa, e menos ainda os sofismas e as «metafísicas», que no passado terminavam sempre se colocando em uma dimensão «outra» em relação ao poder constituído; do outro lado, o Político que se fez ordem estatal assumirá quanto mais possível na sua própria forma a racionalidade do projeto científico. Impossível uma racionalização do Político que não ocorra *levando em conta a racionalização do universo dos saberes.* A utopia, em Bacon, na forma paradoxal a ela congênita, exprime tal concretíssima ideia: ao próprio saber científico, ao «Colégio dos seis dias», compete o comando efetivo. A utopia impõe à ciência o problema incontornável do Estado (qual *augmentum scientiarum* se poderia conceber em um Estado, não digamos inimigo, mas indiferente ao progresso das novas potências intelectuais?), e ao Político, junto à forma-Estado, a necessidade de um compromisso «produtivo» com estas últimas, as quais, para funcionar, devem ver garantidos espaços de liberdade, em si sempre potencialmente *críticos* em relação ao *status quo*. Quando a forma utópica, no século XIX, procurará assumir plenamente os traços da *criticidade negativa*, se abrirá uma época completamente diversa, de certa forma oposta ao desenvolvimento da utopia moderna, desde a de Thomas More até as do século XIX. A utopia moderna realiza uma crítica radical dos regimes políticos que não se orientam sobre os paradigmas da racionalidade científica, em nome de uma síntese futura entre política e saber, enquanto *conditio sine qua non* de toda felicidade humana. A utopia moderna é prefiguração de seu acordo; a utopia contemporânea, ao contrário, pensa e age pela sua separação, apresenta-se como contestação de todo saber que queira se integrar ou se fazer subsumir no Todo, no Inteiro. Sintomas de épocas *radicitus* diferentes da história do Ocidente, diferença que o uso do termo utopia torna difícil compreender. A prefiguração paradoxal que a utopia desenha não é sonho sem finalidade; ela origina-se a partir de uma consideração real: deu-se uma descontinuidade certamente forte na história do espírito europeu; mesmo vindo de raízes contraditórias e variadas, foi se afirmando, com força crescente, uma visão completa de mundo que promete destruir toda *idolatria*, de varrer do campo da vida civil os venenos que levam à inimizade e à guerra, assegurar justiça, paz e bem-estar. A vontade de potência do Político pode lhe reconhecer o primado? Pode se transformar em seu ministro? Ou a loucura, expulsa do saber, é destinada a encontrar morada para sempre no exercício do poder, nas *naviculae* de suas ordens? Cultivado o saber, como cultivar também o poder? E, no entanto, ambos decaem se não for alcançada a concórdia.

Assim, forma-Estado como racionalização do agir político e nova ciência como única forma válida do saber representam os dois horizontes para onde se move o olhar do *projeto* utópico. Novamente o presente contradiz a ambos e ainda mais radicalmente sua síntese, e, todavia, deve ser entendido como figura desse futuro. Em que condições? Sobre a base de quais pressupostos? E quais aporias permite esse projeto? Um aspecto fundamental, que permanece obscuro até o momento, deve ser explicitado: Utopia, enquanto cidade-comunidade, não pode ser definida apenas com base em seus organismos políticos-institucionais, produtivos e científicos. Uma *civitas hominis* é também crença, esperança, fé. O político-cientista é obrigado a reconhecê-lo, caso contrário demonstraria não saber e, por isso, nem sequer poderia ter uma relação com aquilo que é *ciência*. Uma dimensão imprescindível de Utopia deverá abranger, assim, a *política religiosa*. Em qual direção? Se tolerância, em todo caso, significasse abrigar na Cidade todos os cultos e todas as seitas, assim como se apresentam no palco do carnaval do mundo, armados de todas as suas fantasias e loucuras, qual a paz que se poderia realizar? E qual segurança se poderia garantir ao desenvolvimento sério do trabalho, se permanecesse a *stásis* perene entre as superstições? É necessário, por isso, *neutralizar* as diferenças, «educando-as» todas para uma consideração crítica da própria natureza. As religiões são várias, mas certamente a mais sábia (e, portanto, a vocacionada a educar as outras — e já aparecem sinais claros do fato que aumenta por todo o lado a consciência de tal destino) é a de crer «na existência de um único ser supremo». Thomas More parece relembrar os termos da mística e da *docta ignorantia* da *devotio moderna*, no momento em que o indica como o Incognoscível e o Inefável, superior às capacidades da mente humana — mas logo em seguida afirma que *cada um admite* que o ser supremo coincide, sem dúvida, *com a própria natureza*, «e ao seu poder e a sua majestade é atribuído o conjunto de todas as coisas». É pela sua proximidade a esta religião, ele diz, que o cristianismo foi acolhido em Utopia, e, ainda antes, pelos seus *costumes*. Um cristianismo, portanto, deístico e «ético».

Na Cidade do Sol adora-se Deus na *Trindade de Potência, Sabedoria e Amor* que a rege politicamente, mas não se conhecem «as pessoas distintas e nomeadas ao nosso modo». É, assim, *neutralizado*, portanto, o conflito sobre o dogma que provocara e provocava incuráveis dilacerações na cristandade. O nó do *Deus Trinitas* se «dissolve», em termos de teologia política, concebendo-o como paradigma de um regime que une, em si, estabilidade e duração de tipo «absolutista» a princípios de representação e participação.[15] Além disso, nenhuma religião revelada se introduziu na Cidade, embora isso, acrescenta o calabrês em voz baixa, possa ser imputado às suas fronteiras. Mas, quando a Cidade acolhesse uma Revelação, esta seria a cristã *enquanto a mais próxima à natureza*. O cristianismo, com efeito, «nada acrescenta à lei natural se não os sacramentos», e por isso Campanella profetiza que sua lei «retirados os abusos, será senhora do mundo». Em Bensalem receberam, por sua vez, a graça da Revelação cristã desde o início da sua

---

15 Para os pressupostos teológicos da ideia de representação, cf. o grande livro de H. Hofmann, *Rappresentanza-Rappresentazione: Parola e concetto dall'antichità all'Ottocento* (Milão: Giuffrè, 2007).

história, mas esse é o único milagre que persiste na memória deles. O profeta-fundador não se dedicou a outra coisa que a de instituir a ordem que permitirá tornar feliz no Reino, ou seja, possibilitar que se perpetue o que a providência havia estabelecido. Depois dele, nenhum outro profeta; apenas trabalhadores e cientistas *de vocação*. Disputas dogmáticas ou teológicas não são nem mesmo concebíveis «do alto» desta Ilha abençoada, do seu Capitólio-Academia. A perfeita *naturalidade* do seu cristianismo atrai para si outras confissões, tão naturalmente quanto qualquer outra fé; todas livres de praticar os próprios cultos, obviamente, reduzidos, todavia, em seguida, a poucas estirpes. Os sucessos de Bensalem, do seu Colégio, testemunhos mais que eloquentes da bondade da Revelação, *neutralizam* qualquer contraste, integram em si toda diferença. É essencial compreender como tal redução utópica do cristianismo à religião natural não desempenha absolutamente papel ideológico «supraestrutural»; a *pax fidei* de base dogmático-teológica é impossível, como o eco de uma *pia philosophia* de matriz neoplatônica parece extinto, dado que a filosofia agora se faz ciência — todavia, é necessário *saber* que sem paz religiosa nenhuma *securitas* pode ser almejada. Em Utopia se exclui apenas que esse fim possa ser realizado de outro modo que com as armas da razão e da persuasão. Não bastam, porém, o simples apelo à energia inventiva dos Colégios e das Academias, nem a realização de um Estado *socius* de tudo em sua missão (e graças a essa «filosofia» também ótimo administrador); o Político deve *realisticamente* reconhecer não só que a religião e os seus cultos são elementos importantes do éthos de uma comunidade, mas que o homem é em si também um animal que espera e crê. A *racionalização* de tais «virtudes» (ou paixões? Pouco importa aqui) deverá se fazer, assim, elemento integrante do todo, no que se refere à ordem política inteira em sua relação com a sinfonia *laica* das profissões e dos saberes.

Paz duradora não é concebível como justaposição estática de diferenças, como um tolerar-se recíproco em que cada um persiste em ficar supersticiosamente acorrentado à própria fé. A forma utópica prefigura um *movimento* de todas as crenças rumo a uma forma de religião da Luz (referência, claro, aos *de Sole* e *de Lumine* do Humanismo), para sua *reductio ad Unum*, em que por Um se entende Deus, infinito Ente, «que não comporta o nada em si» (Campanella), que repugna o nada exatamente como repugna a natureza. O próprio conflito político poderá findar somente quando cessar na Cidade o religioso. E para ambos a cura é dada apenas pela racionalidade filosófico-científica, o que reafirma a importância estrutural para a nova ordem do Estado. Ela é chamada a combater uma dupla idolatria: a política, para o poder em si, a religiosa para os mitos, fábulas e dogmas incapazes de resistir à crítica racional. Paradigma nem um pouco utópico, como se vê, que anuncia, através dos aspectos mais diversos, a cultura da nossa época. O que acrescentarão, na realidade, aos *panopticon* e aos *propagadores* baconianos, as utopias faústicas-prometeicas do século XIX? A afirmação explícita da ciência e do progresso como uma nova religião. O anúncio de uma monarquia científica absoluta. Tirar energias e recursos do cérebro social da nova, «superativa» humanidade, torna-se *pecado*. Assim é em Saint-Simon, e ainda mais em Comte. Assim é em Renan, ao qual a ciência parece «o grande agente da consciência divina».[16] Todo o sistema sociopolítico deve ser *concentrado* para permitir o funcionamento ideal do dispositivo técnico-científico. Nisso consiste toda *auctoritas*; como já nas primeiras utopias; as reminiscências comunistas servem bem para ilustrar esse princípio: a nenhum poder, nem paterno nem familiar, a nenhuma *fraternitas* ou pacto entre indivíduos *privados*, pode ser permitido colocar em dúvida ou enfraquecer o primado do *système industriel*; ele é a junção entre liberdade e necessidade, dado que o indivíduo racional, civilizado, reconhece que só obedecendo às suas leis, assim como deve obedecer às da natureza, poderá concretizar suas necessidades e seus anseios, ou seja, fazer da própria liberdade uma força real. Variações importantes dessa utopia

---

16 Conferir M. Cacciari, *Arcipelago* (1997). Milão: Adelphi, 2016. Uma boa síntese das utopias do século XIX está em J. Servier, *Histoire de l'utopie* (Paris: Gallimard, 1967). Sobre o saint-simonismo, ver S. Charléty, *Histoire du saint-simonisme* (Paris: Hartmann, 1931).

rigorosamente anticomunitária são as de Fourier e Proudhon. Todavia, suas ideias federativas e cooperativas,[17] ideias de mutualidade e reciprocidade (mais que utopias, verdadeiros programas políticos, em particular, Proudhon) não contradizem absolutamente, em seus pressupostos e em seus fins, a visão indefinidamente progressiva do desenvolvimento econômico e intelectual, estritamente associados, já logo na primeira Utopia. Proudhon entende que esse desenvolvimento é sufocado pela afirmação de estratégias centralizadas na gestão da empresa e, sobretudo, pelo centralismo da máquina estatal. É o Estado «monstro gélido» que aparece nessas formas de utopia! Não se reconhece mais a função de garantia das condições de segurança necessárias à empresa inovadora; tal função parece pertencer a um passado remoto, a uma fase superada da história europeia.

....

17 As ideias comunitárias e federativas de Proudhon têm ampla influência também em setores de movimento operário e algum eco nos sovietes. É muito interessante desse ponto de vista a «tradição» utópica traçada por M. Buber em *Sentieri in Utopia* (1950; Milão: Edizioni di Comunità, 1967).

Para Proudhon, a máquina estatal, hoje, se limita a consumir a riqueza produzida pelo sistema industrial, é impedimento ao seu desenvolvimento, mero estorvo parasitário e burocrático. A utopia assume assim uma perspectiva decididamente antiestatal, para fazer-se imediatamente, já antes da catástrofe de 1914, sintoma importante da crise global da forma-Estado. Fourier e Proudhon não são apólogos do «sistema industrial»; eles veem as contradições e suas propostas utópicas e pretendem precisamente mostrar a necessidade de sua completa reorganização, para evitar que a radicalização dos conflitos que o sistema industrial inevitavelmente gera, destrua toda possibilidade de progresso, não só humano e espiritual, mas também econômico. Mesmo em Thomas More (muito mais do que em Campanella e Bacon), o elemento participativo e cooperativo era central, mas agora está explicitamente relegado à periferia. O problema, todavia, continua a ser o mesmo: que forma institucional e política pode ser imaginada e definida coerente com seu fim ou com o destino do desenvolvimento das forças produtivas? Prometeu *desacorrentado* ou *liberado*? A perspectiva da forma utópica é sem dúvida a segunda, mas parece ser fácil transgredir a fronteira entre as duas. As utopias do século XIX estão fartas do Prometeu cada vez mais intolerante a qualquer ordem «utópica». E é propriamente esse ponto que será explorado pelo *realismo* impiedoso da crítica marxista.

Princípio esperança

Assim parece, então, em suas linhas teóricas gerais, o paradigma utópico, para além das diferenças que o caracterizam no que concerne a crítica social e a ordem institucional. A inovação técnico-científica, que é considerada por todas as utopias (e contrautopias) o motor da nova Era, pode conservar ou salvar a própria energia benéfica apenas no quadro de um sistema sociopolítico íntegro, duradouro, unitariamente e organicamente concebido — um artifício verdadeiramente digno de ser chamado «deus mortal». Os princípios que regem essa grande máquina são os da

tolerância e da *libertas philosophandi*. Eles garantem, exclusivamente, o pleno desenvolvimento das atividades de pesquisa, descoberta e invenção, ou seja, é o primado do dispositivo técnico-científico sobre qualquer outro aspecto da realidade social. A ideia de tolerância, com efeito, é somente sua expressão: em matéria religiosa, teológica ou dogmática, nos movemos no campo do opinar *privado* ou de uma «retórica» que não tem relação com a *coisa*; enquanto o opinar não pretende ser verdade *erga omnes*, será inócuo e indiferente; todavia, Colégios e Academias pacientemente nos educarão a entender não só quão loucos são conflitos e guerras de religião, mas também quão louca é qualquer disputa que se dê em torno de dogmas, desde o momento em que a razão deixa claro como todas as diferentes tradições se reduzem a uma só grande ideia, a de um Ser supremo, infinito, coincidente com a Ordem do cosmo. Propriamente utópica é essa *neutralização* do conflito religioso — e, assim, toda a história do século XVI é a sua demonstração —, mas isso não afeta em nada o valor prefigurante-
-projetual dessa perspectiva: a forma-Estado moder-

na não pode não se confrontar com ela, não pode não «regular» o próprio processo de racionalização por seus parâmetros.

O conflito religioso é, todavia, inseparável do político. E aqui a operação *neutralizante* parece ainda mais difícil. Como imaginar o Político que não seja constitutivamente conflito, luta pelo poder? Por mais que uma concepção irenística do Humanismo civil seja completamente surda aos dramas que o percorrem desde suas origens, não há dúvida, portanto, que toda *Illusionspolitik* desapareça entre o incêndio do Frei Jerônimo e *O príncipe* de Maquiavel. Também em relação a esse ponto podemos dizer: propriamente utópica é a ideia de uma política como puro serviço, de um político «ascético» em relação à *cupiditas dominandi*, dedicado exclusivamente ao serviço do bem comum (ou seja, do trabalho «criativo»). Todavia, tal ideia, na medida em que desempenha uma função real e absolutamente não supraestrutural, nos processos de legitimação da forma-Estado, termina assumindo uma conotação claramente ideológica com a perda de sua carga utópica. O caráter aporético da *neutrali-*

zação utópica consiste, antes, na *inconsistência lógica* da relação que ela postula entre vontade de duração e estabilidade do sistema político («ideia fixa» de todas as utopias), por um lado, e, por outro, fisiológica inquietude e criticidade das potências que em tal *Estado* deveria reconhecer-se e *assegurar-se*. O exercício de crítica e falsificação dos paradigmas herdados constitui, na verdade, o método de pesquisa e as descobertas que fazem a «riqueza das nações». Que tal método possa ficar relegado apenas ao campo científico, à «viagem de pesquisa», visto que ele informa de si o inteiro sistema; que o seu próprio o seu ponto de vista se tenha transformado em visão do mundo, a mesma que seria necessário a orientar a ação do soberano, do legislador — eis a contradição que abala do âmago da forma da utopia. A neutralização da dimensão do Político se choca, em Utopia, com a *permanente crise* que não podem não produzir, se realmente inovadoras, os superativos artifícios (o *Über-Menschen?*) que daquela república são heróis epônimos e que nela reclamam o primado. O desenvolvimento do cérebro social não pode proceder senão por descontinuidade; a epistemologia crítica contemporânea demonstrou *ad abundantiam* como a natureza se deleita em «saltar»; e isso aparece irredutível a todo paradigma organizativo-comunitário, a cada garantia indefinida de *securitas* política e social. E o mesmo vale para a estrutura econômica do sistema, que fisiologicamente produz a crise e se desenvolve propriamente através dela.

O paradigma utópico pressupõe a concórdia entre vontade de potência do estatuto e o desenvolvimento das forças produtivas, os diferentes sujeitos que o determinam, a harmonia entre esses planos distintos, que é em todo caso necessário postular caso se queira conceber a Cidade como *república em paz*; esse modelo termina com a aparência abstrata da época da «grande transformação». Marx não faz mais que descrever a crise. De autêntico paradigma, ele corre o risco de se transformar em ideologia, ocultação de contradições reais, das quais é incapaz de fornecer análises *científicas* e muito menos soluções. A forma da utopia encontra-se, assim, sob fogo cruzado: por um lado, o «sistema industrial» se realizou e não tem mais necessidade de se imaginar *futuro*, mas sim, pelo contrário como *in-definível* progresso; o saber dos *propagadores* baconianos se desvela «fisicamente» na estrutura e nos «serviços» das metrópoles do Ocidente; por outro lado, tal saber não consegue coincidir com o poder político e a contradição ameaça «acorrentar» a *fúria progressiva* (para parafrasear o Adorno da *Mínima moralia*). Por um lado, a utopia parece ter realizado as próprias promessas e espera hoje apenas um desenvolvimento indefinido das forças que havia evocado, uma espécie de progresso imóvel; por outro, esse progresso parece fisiologicamente *in crisi*, crise produzida e desencadeada por movimentos políticos reais, que parecem refratários a qualquer síntese, movimentos que escapam das malhas do discurso e da forma da utopia. A utopia, como prefiguração ou imagem de um possível projeto de harmonia entre as energias, as formas políticas e de vida da nova Era, parece assim destinada ao crepúsculo. Aquelas energias *desvelaram-se* plenamente, e ao mesmo tempo desvelaram as insanáveis contradições que formam *a sua própria relação*. Já não se pode mais certamente definir utópico um discurso, como o marxista, que, a partir da sua análise, pretensamente científica, procure definir quais sujeitos, materialmente presentes no coração do sistema através do seu *trabalho* material e político, sejam destinados a produzir uma descontinuidade radical no processo histórico. Aqui se trata de análise, de cálculo político e de organização de uma práxis consequente. Podemos, no entanto, chamar ainda de utópica a prefiguração imaginária do que se seguirá ao *salto*? Na utopia moderna, como procuramos expor, subsistia coerência lógica entre os sujeitos individuais, portadores da *Novitas* e da república sonhada de olhos abertos; ela era concebida de maneira análoga à sua presença real e visão do mundo. Isso significa que na utopia moderna intervinha um nexo dialético preciso entre presente e futuro, enquanto a essência mesma do presente era entendida como *figura futuri*; e no presente mesmo se individuavam concretamente os fatores que deveriam conduzir à nova Terra. Na república de Utopia triunfam aquelas forças que aqui e agora agem em seu nome; triunfa o Estado de quem já agora detém o primado intelectual; trata-

-se apenas de levar a obra a cabo; o Novo se instaura como realização do presente, ou melhor, como sua *atualização*, e não por consequência de seu viramento completo e definitivo. De alguma forma, Marx recupera tal esquema, dado que a classe operária vale no presente, concretamente, como *figura futuri* — mas não por acaso se recusa *radicitus* de confundir o próprio discurso com a utopia. Utopia é prefiguração de uma harmonia interna às forças produtivas, e, entre as partes e a ordem estatal, harmonia que neutraliza as contradições e conjectura a redução do conflito político à discussão civil. Ora, para Marx, pelo contrário, se trata de recuperar plenamente a ideia do agir político como conflito, relação amigo-inimigo, para atingir, movendo-se dentro das contradições em ato, *cientificamente* analisadas, o salto revolucionário. O «depois» está nas mãos da humanidade livre; prefigurar a organização de seu Reino seria contradição em termos. Há utopia também nisso? Utopia de uma *Novitas* radical? Podemos ainda chamá-la utopia? Ou, antes, não deveríamos dizer *profecia*? Com essa pergunta estamos já fora da história da utopia moderna, «lançados» em meio ao apocalipse do pensamento contemporâneo.[18]

A distância da forma moderna da utopia, enquanto imanente ao processo de racionalização, e a definição problemática de uma nova utopia, encontram-se e desencontram-se durante o primeiro conflito mundial, no apaixonado diálogo entre personalidades ligadas pela mais fraterna das inimizades, Bloch, Lukács (naturalmente até *História e consciência de classe*) e Benjamin. Com *Geist der Utopie* de Ernst Bloch, escrito em plena guerra e publicado em 1918, aquele diálogo, que já havia iniciado entre os dois primeiros, se delineou em sua forma quase definitiva. Viu-se como a utopia pretende sempre estar de acordo com a *tendência* dos fatos, ou seja, ser *concreta*. Marx se opõe à

---

18 Duas obras-*primas,* em todos os sentidos, chegam a interpretar a essência do pensamento europeu em sentido escatológico: H. Urs Balthasar, *Die Apokalypse des deutschen Seele* (Einsiedeln: Johannes, 1937-9, que remonta à tese de graduação de 1930) e J. Taubes, *Abendländische Eschatologie* (Berna: A. Francke, 1947), onde são amplamente citados Bloch, *Thomas Münzer, il teologo della rivoluzione* (Milão: Feltrinelli, 1980) e Lukács, *Storia e coscienza di classe* (Milão: Sugar, 1967).

utopia porque não capta esta instância? Por que a considera pura fantasia? Certamente não; ele compreende com perfeição o caráter prefigurante-projetual que analisamos, mas o considera limitado à dimensão do ideológico. Para a teoria-práxis atual não resta, segundo Marx, nada mais que a organização daquelas forças que desconjuntam o próprio sistema de domínio prefigurado na forma moderna da utopia. Haveria outro espaço para ela? Poderia desempenhar, transformando-se, um papel eficaz no novo processo revolucionário? Para Bloch, a utopia coincide com a *novitas*, com o não-ainda do Reino. Sem orientar sua estrela a agir, a revolução é impossível; sem ser dirigida por ela no nosso êxodo, a libertação é impossível. Eis o sentido, para Bloch, que a utopia está chamada a assumir. Para ele não se trata absolutamente — e vai repeti-lo continuamente em sua obra, contra a ortodoxia marxista — de um *wishful thinking*; a ideia do Reino é motor real do processo revolucionário. Os sujeitos dele são reais, mas não se reduzem *somente* à classe operária; o sujeito é, sim, a classe operária, mas enquanto portadora hoje da «emancipação em si e para si», herdeira de todas as lutas e derrotas em nome da liberdade, sinal do problema «de um Reino de seres morais». A dialética hegeliana «ricocheteia» ao dever absoluto kantiano, que é interpretado no sentido *profético*. Falar do ponto de vista do dever ser termina por coincidir com o falar e agir *da* luz da redenção. Nenhum deserto é intransponível se o espírito da profecia silencia, se ele não anuncia aqui e agora «o esplendor do inexplorado».[19] Afirma-se, então, uma descontinuidade dupla e radical: por um lado, a *novitas* representada pela classe operária, por um sujeito que é sim «encarnado» na história, mas representa um *novo início*, tanto que até o presente se desenrolou, pode se configurar como *pré-história*; por outro lado, à *novitas* de um Fim, que

....

19 Deus é unicamente a utopia do reino. Ele é *utopizado* e sua realidade é a do êxodo ao reino. Por isso, é a ética desse êxodo, animada pelo princípio esperança, que se exprime em Moisés e em Jesus, que acaba por ser decisiva para qualquer prática revolucionária. E. Bloch, *Il principio speranza* (escrito nos Estados Unidos entre 1938 e 1947), publicado em Milão pela Garzanti em 1994. O capítulo 53, a meu ver, é aquele em que os pressupostos teológicos e exegéticos do pensamento de Bloch se expressam com a máxima clareza e tensão.

nada tem a ver com os fatos acontecidos, ou seja, a *verdade* de um Bem que contradiz *radicitus* qualquer *verum factum*.

Bloch funda tal perspectiva sobre uma *antropologia utópica*. Na substância ela consiste na *absolutização* da ideia de esperança, retirada do contexto teológico em que era consagrada dentro da tradição judaico-cristã. Filon, sobretudo em *Quod deterius*, chegou quase a identificar a essência do homem à esperança: «o que é mais próprio do homem da esperança?», «só quem é capaz de esperar [*eúelpis*] é o homem», «o desesperado [*dýselpis*] não é homem [*ouk ánthropos*]». Viver é *viver-na-esperança* repetirá Agostinho. Mas a fundamentação da esperança é para ambos «alegria antes da Alegria», e provém da fé n'Ele. Se tal fundamento desaparece, como não concluir, como Leopardi, que a esperança é certamente inseparável da vida, «como o pensamento, e como o amor de mim mesmo, e o desejo do próprio bem. Vivo, logo espero [...]. Desesperação, rigorosamente falando, não ocorre» (*Zibaldone*, pp. 4145-6), e, todavia, sua *infinitude* é a mesma do desejo nunca satisfeito que a *razão* reconhece? Sobre quais elementos pode-se jogar, então, a concretude do discurso blochiano, como pode parecer consistente sua antropologia? É a classe operária, como «guia» da práxis revolucionária, a *razão* de uma esperança de redenção *sem para além*. Em muitos aspectos, trata-se de uma antropologia que dramatiza elementos característicos do Humanismo: o homem não tem *lugar certo*, o homem é o estar-aqui, a presença que sempre *se transcende*; a modalidade fundamental para compreender o seu operar é, portanto, a do possível. O seu próprio *nunc* é utópico, já que aqui-e--agora ele vive concretamente o seu não-ainda, projeta-se para o que *não sabe* ou que sabe *em linhas gerais*, ou seja, pressagia. O *novum* existe já agora no seu agir presente, imanente às tarefas que ele *se atribui* e que não derivam de modo algum simplesmente do processo histórico, mas, sim, a um tempo, por uma necessidade que flui do seu *espírito* insaciável de instaurar o Reino da liberdade, de fazer aparecer o *Verum-Iustum*. Impossível a representação realística do próprio presente, sua efetiva consciência, se esquecemos dessa necessidade, aspiração ou nostalgia, que excede qualquer projeto calculado. Conhecer não é *anamnese*.[20] O presente não é *reificável*, tampouco o passado. Nem sequer a verdade do passado, com efeito, consiste no ser *factum*, no *consummatum est*; passado é também o *não-chegar a ser*; o mausoléu dolente das esperanças e das promessas naufragadas continua a chamar, a clamar para ser «salva» em nós. O presente é também tanto sua presença, quanto do não-ainda. O presente é o ponto em que a memória do não realizado se faz *parteira* ao não-ainda. E práxis maiêutica, precisamente, para Bloch, deve fazer a filosofia.[21]

Essa nova forma de utopia, esse *Geist de Utopie* blochiano, tem sido criticada segundo duas perspecti-

....

[20] A crítica à anamnese platônica (que Hegel herdaria em seu significado teórico mais incisivo) é uma característica do pensamento de Bloch que o aproxima intensamente de Rosenzweig. O Fim, «é realmente Fim e, enquanto tal, não tem nenhuma relação privilegiada com um dos dois processos nascentes [*Hervorgänge*] que estão no princípio [*im Anfang*], mas, somente de modo geral, com o próprio Princípio» (F. Rosenzweig, *La stella della redenzione*. Casale Monferrato: Marietti, 1985, pp. 247-8; cf. também p. 263).

[21] E. Bloch, *Politische Messungen, Pestzeit, Vormärz*. Frankfurt a. M.: Suhrkamp, 1970, p. 401.

vas bem distintas e, contudo, complementares. A primeira aparece claramente em *História e consciência de classe*, o livro do amigo de juventude, publicado no mesmo ano da segunda (e profundamente revisada) edição de *Espírito da utopia*. Bloch falará sempre em termos entusiásticos do «grandioso livro» de Lukács, «primeiro sopro de ar fresco no marxismo depois de um longo tempo», minimizando as implicações polêmicas nos confrontos com seu trabalho (embora o silêncio absoluto sobre a obra de Lukács no *magnum opus*, *Prinzip Hoffnung*, seja bastante eloquente sobre a evolução da relação entre ambos). O *ato teórico* fundamental que Lukács se propõe a realizar é retirar «do esquecimento quase total no qual ela havia caído» a *essência prática* do marxismo. Não basta afirmar, como o Marx das *Teses sobre Feuerbach*, que a filosofia como interpretação do mundo acabou e agora é necessário passar à sua transformação; é preciso propriamente reconhecer que a práxis e o ponto de vista que a determina, *são*, em si, consciência do mundo, como do mundo não se dá outra consciência senão através da *decisão* de modificá-lo e *no ato* de modificá-lo. Tal práxis revolucionária não pressupõe outra coisa que a dialética real das forças contrapostas imanentes ao sistema capitalista. Lukács cita *A sagrada família*: «não se trata do que este ou aquele proletário, ou mesmo o inteiro proletariado, *se representa* por vezes como objetivo. Se trata *daquilo que ele é*, e disso que, em conformidade a esse *ser*, será historicamente obrigado a fazer».[22] A dimensão kantiana do dever ser, em perfeita coerência com a estrutura da inteira obra hegeliana, é o objetivo polêmico recorrente em *História e consciência de classe*: «não existe nenhum *Sollen*, nenhuma 'ideia' que tenha uma função reguladora em relação ao processo 'real'», muito menos a classe operária tem de ser «despertada» da realidade, de qualquer contaminação com a existência capitalista, em um dualismo que Lukács indica, de fato, como utópico. Em antítese explícita às teses sustentadas por Bloch em *Thomas Münzer als Theologe der Revolution*, Lukács afirma como a utopia, enquanto se faz «adiante», a realidade histórica com a pretensão de influir

---

22 Lukács, *Storia e coscienza di classe*, op. cit., p. 31.

sobre ela e modificá-la, mantém em relação a ela um *hiatus irrationalis*, se faz *a-dialética*, e não pode, por isso, ter nada em comum com o materialismo marxiano. Quando Bloch pensa que no conluio entre esfera religiosa e dimensão revolucionária «se possa encontrar uma via para o aprofundamento do materialismo histórico 'puramente econômico', não percebe que negligencia, claramente, [...] que a real revolução social pode consistir apenas numa reestruturação da vida concreta e real do homem».[23] «Consciência de classe» equivale para Bloch à consciência prefigurante, uma *novitas* radical, isto é, o próprio Reino; para Lukács, ela se identifica, em contrapartida, com a práxis revolucionária *organizada*, fundada sobre as contradições do sistema capitalista. Para Bloch, a práxis é acesso *real* à Terra prometida;[24] para Lukács, desconjuntamento da ordem existente, já *em ato* na ação de um dos seus próprios fatores: a força-trabalho, enquanto capaz de «transcender-se», *fazendo-se classe*. Para

---

23 Ibid., pp. 253-4.

24 Bloch, *Il principio speranza*, op. cit., p. 665.

Lukács, o *novum* real não é senão o próprio presente, encarnado na classe operária. Para Bloch, a «consciência de classe» acabará com o parecer no *Prinzip Hoffnung*, presságio certo do *novum*, do *inaudito* por antonomásia: a vitória sobre a morte, ou seja, a utopia da definitiva «humanização da natureza»: «a extensão do Reino da liberdade para o destino da morte é legítima».[25]

Utopia extrema — integralmente lançada sobre a possibilidade de conferir à esperança aquele valor *cognoscitivo* que Espinosa lhe tinha *radicitus* negado, reduzindo-a à paixão, sobre a qual, todavia, é necessário apoiar-se para guiar uma «multidão livre» (*Tractatus* v, 6) — mas utopia concebível apenas segundo uma perspectiva profético-messiânica. E é esta, por sua vez, que, em uma famosa carta a Benjamin de fevereiro de 1920, é submetida a uma crítica radical de Scholem. Benjamin (empenhado, então, na tentativa de

....
25 Ibid., p. 1357. Bloch se faz aqui «herdeiro» de uma ideia de espiritualização da matéria, que recorda o «corpo espiritual» paulino e agostiniano, «relacionando-a» com a correspondente hegeliana sobre a potência negativa da linguagem e do trabalho.

uma recensão, jamais publicada, de *Geist der Utopie*) responderá ser *völlig einverstanden* com o amigo; o livro de Bloch, ele escreve, possui muitas passagens notáveis, mas «o meu *pensamento* filosófico não tem nenhuma ligação com ele »[26]. Se um apelo à forma utópica é rejeitado por Lukács, dentro do seu perfil de coerência teórica e de realidade política, ele, nos mesmos anos, era contestado por Scholem pelo seu explícito apelo ao profetismo bíblico.[27] A profecia fala ao

....

26 A carta de Scholem, para ser colocada no contexto da sua relação com Benjamin e de Benjamin com Bloch, pode ser lida em G. Scholem, *Walter Benjamin: Storia di un'amicizia*. Milão: Adelphi, 1992, pp. 141ss. A resposta de Benjamin se encontra em *Briefe* (Frankfurt a. M.: Suhrkamp, 1966, v. I, p. 254). As vicissitudes da relação entre Bloch e Benjamin são marcadas pelo mal-entendido constante e recíproco em torno da diferença teórica entre os respectivos trabalhos, mal-entendido que faz lembrar frequentemente a Benjamin de plágios por parte do amigo que são simples consonâncias temáticas. Saliente-se em particular o volume de E. Bloch, *Erbschaft dieser Zeit* (Zurique: Oprecht & Helbling, 1935), duramente criticado por Benjamin.

27 Cf. o ensaio «programático» de G. Scholem em torno do problema do messianismo: «Per comprendere l'idea messianica nell'ebraismo» (1959), em *L'idea messianica nell'ebraismo* (Milão: Adelphi, 2008).

presente do presente a partir do Fim, mas o Fim não conhece mediação dialética com o presente, e de forma alguma é obra do homem que age nele. A espera e a esperança de Reino constituem o horizonte que dá sentido à práxis em ato, mas de modo algum o Reino pode ser o seu produto. O irromper do divino na história, chancela da idade messiânica, é puro evento, de maneira alguma previsível, nem antecipável. A esperança não é de formal alguma antecipação, mas a forma *presente* em que nós *agora* vivemos historicamente e na comunidade. Trai-se, ainda mais, a ideia messiânica considerar que uma «classe» seja a portadora da sua realização. Isso comporta transfigurar um sujeito histórico em uma igreja de eleitos, em uma *civitas dei*, testemunha-mártir aqui-e-agora, no tempo sem redenção, da realidade do Reino. O Messias, como narra a lenda judaica que Scholem ama recordar, vive entre leprosos e mendigos às portas de Roma, de lado, como antítese eterna, na Cidade em que considera cumprida a Promessa (ou humanamente possível de cumprimento). O *princípio esperança* distancia-se tanto da essência do profetismo judaico, quanto se aproxima à *impaciência* típica do milenarismo cristão para o retorno do Senhor. Considerar que o futuro do Reino messiânico esteja hoje *impedido* pelas forças mundanas e que outras forças mundanas são chamadas a remover tal obstáculo (como Bloch afirma em *Erbschaft dieser Zeit*, de 1935, não por acaso sua obra mais contestada tanto por Scholem quanto por Benjamin), significa colocar-se em uma dimensão que *nada* compartilha com o messianismo judaico. É essa, ao invés, a paradoxal cristologia sobre a qual Scholem vê incidir a obra de Bloch. Messianismo, no qual domina «o elemento cristão como seu tênue estado de indiferenciação», e milenarismo transformam-se então em *ativismo*: a práxis revolucionária aparece como a única forma em que se afirma no presente a esperança certa do Reino. Acelerar o curso do sol! — invoca Bloch até o final, até a *Experimentum mundi* (1975): o mundo como *laboratorium possibilis salutis*. Ativismo espasmodicamente tendente *a ver* a destruição-catástrofe enquanto início mesmo da redenção, ativismo cuja incontornável ênfase anárquica constitui o alvo principal da crítica lukácsiana.

Por outro lado, ao se romperem os «antigos laços», se o ativismo se dissolve, não cumpre a Lei, como pretende aquela «salvação» do não-existido, do não-ainda do próprio passado, de que fala o espírito da utopia, e como poderíamos *agora*, no tempo sem redenção, antecipar o futuro, se não despedaçando o *continuum*, isto é, eliminando todo nexo possível ou ponte entre o presente e o pressagiado («conhecido» na forma de não-ainda) futuro?

Segundo uma perspectiva análoga, a própria obra-prima da filosofia judaica contemporânea, *A estrela da redenção*, poderia ser lida como crítica radical do «princípio esperança» blochiano.[28] Contudo, também para Rosenzweig o mundo é *«noch nicht fertig»*, seu rosto é ainda «mascarado» por riso e pran-

---

28 Faltam, pelo que sei, traços significativos de uma relação intelectual entre Bloch e Rosenzweig, e, todavia, considero que o confronto se imponha e seja de grande significado. Na página que segue, tive presente o conjunto das argumentações de Rosenzweig no volume III, parte II, de *Stella della redenzione*, op. cit. (*Erlösung oder die ewige Zukunft des Reiches*) e na introdução (Über die Möglichkeit, das reich zu erbeten) à terceira parte (*Die Gestalt oder die ewige Überwelt*).

to; todavia, seu devir é *um vir*, e isso que deve vir é o Reino (todo o mundo como *tudo-vivo*, satisfação daquela exigência de *imortalidade* que a vida manifesta), *hoje* experimentável apenas na forma da *antecipação*, da *antecipadora espera*. Parecem apresentar-se aqui os mesmos termos do *Espírito da utopia*; um «ar familiar» parece soprar irresistivelmente, e talvez se deva acolhê-lo, mas à condição de entender conjuntamente a distância astral entre as duas posições. A redenção em Rosenzweig é imanente à ideia de *criação*; o mundo é criado com a *determinação* de dever tornar-se realizado. Isso não pode significar senão que *Deus é o redentor*: «é, portanto de Deus que tem origem a redenção e o homem não sabe nem o dia nem a hora»; é «na Sua Luz» apenas que podemos ver a luz do Reino. Tão essencialmente é Deus o redentor que Ele mesmo se realiza e alcança a plenitude com a redenção do mundo, realização do próprio ato da criação. Isso comporta a não essencialidade do agir humano? Não, a obra criadora de Deus «cresce e se realiza no despertar do homem»; ação humana e obra de Deus se unificam, como duas faces da mesma realidade; todavia, é sempre a revelação de Deus ao homem que justifica sua espera, antecipação e a ação. *Para além* do tempo é plantada a semente da redenção. Mas é *no tempo* que ela dará pleno fruto? Não, e aqui que se dá a diferença insuperável entre Bloch e Rosenzweig (e Scholem). O futuro do Reino é seu *eterno futuro* ser. O Reino *eternamente vem*: «eternidade é um futuro que, sem cessar de ser futuro, é, todavia, presente», presente enquanto *hoje* antecipa o futuro, e sobre essa espera funda-se a própria *vida*. A qualquer instante poderia acontecer o Reino, mas aquele instante, em que o nascido da mulher verá o próprio Deus *redimido* pelo trabalho da obra dos seis dias, tornaria imediatamente *para além do tempo*. No tempo, o Reino é só *futuro* eterno. Que esse futuro se faça realizado no presente é certamente *impetrável*. Mas como?

Difícil não ler a *Introdução* à terceira parte de a *Stella, Uber die Möglichkeit, das Reich zu erbeten*, como um intenso diálogo polêmico com as correntes utópicas e revolucionárias contemporâneas e, em particular, com o (jamais citado) «espírito da utopia» blochiano. Para discernir os espíritos, Deus «esconde» a própria autoridade; Ele quer seres livres e, em nome da liberdade, manda-lhes *tentações*. No que se manifesta essa tentação? Em uma «mística temerária», em uma «incredulidade enfática» (as mesmas palavras poderiam ter sido usadas por Scholem), à força das quais o homem pensa poder fazer irromper no acontecer histórico a realidade do Reino, atualizar o eterno Futuro. À «prepotência tirânica» do «visionário» se contrapõe a *oração*, que é a única a poder «se intrometer na ordem divina do mundo» (*magia* da oração!). Claro, a oração gostaria de fazer vir o Reino antes do tempo estabelecido (e que ninguém conhece), mas sabe que ele não virá à força, que apenas *cresce* no século. Certamente, a oração é também expressão da própria vontade de *realizar a obra*, de fazer-obra do nosso passar pelo mundo, mas ela exprime, ao mesmo tempo, a fé que a semente do Reino está implantada na própria criação e, por consequência, Revelação é revelação. Sobre esse fundamento a *esperança* faz sentido: esperança confiante na conciliação *en eschátoi* entre a oração do incrédulo (Goethe) e a do fiel. Esperança, todavia, *in-fans*; ela não possui aquele *saber* que rege o caminho da construção da obra (Goethe, precisamente) nem é *fundada* sobre a fé. É a esperança, na verdade, a trazer hoje no ventre fé e amor! Certamente, sem sua «virtude» nenhuma das «grandes obras de libertação» que caracterizam o mundo atual poderia surgir, e, todavia, ele sozinho jamais poderia constituir ou produzir o Reino. Quem pretende poder impô-lo, o trai na dimensão do devir e deixará de concebê-lo como eterno. Ao invés de acelerá-lo, acabará, ao contrário, atrasando-o. «A verdade divina se esconde àquele que se dirige a ela com só uma mão».

Rosenzweig nunca cita Bloch (e vice-versa); no entanto, repetimos, é difícil não pensar, lendo estas páginas, em um enfrentamento consciente, embora implícito, entre ambos. Se o «princípio esperança» não possui um valor cognoscitivo, se antecipação e espera são *infantes*, expressão da fé do *infante*, se portanto a ação *revolucionária* que tem condição de produzir (a «infinita força da esperança» que *sangra* essencialmente no coração do judeu: esperança messiânica), ainda que não contradizendo a ordem divina do mundo, nunca poderá criar o Reino — se, em suma, «aquela de um devir temporal da redenção» parece ideia contraditória em si, que significado concreto atribuir ao futuro do Reino enquanto permanece sempre e somente *não-ainda*? Em Deus coincidem semeadura e fruto, ou seja, n'Ele, o mundo realizado é *em ato*; isto que hoje *deve-ainda-acontecer* é *já desde sempre* n'Ele. O ato é *primeiro* em todos os sentidos. Mas, se é assim, então de modo algum o mundo redimido poderá ser concebido como *novitas*. O Fim repetirá necessariamente o início. Parecerá *novum* apenas pela ignorância de quem o esperava. E o mundo da redenção realizará aquele círculo contra o qual, a imagem, Rosenzweig não cessa de protestar. O que «irrompe do infinito» é tanto a espera presente, quanto a redenção futura e seu *eterno passado* já imanente no ato da criação. Assim se faz clara a época que marca o pensamento de Bloch: para garantir o *novum* do mundo redimido é necessário que o Filho se separe da operosidade do Pai. A idade da esperança é aquela do Filho, assim como da sua «mística temerária»; o Reino que cresce coincide com a história do Filho, com seu devir para além dos «jardins» do Pai. Ele cresce e a autoridade do Pai se extingue. Para não se extinguir, ele deveria se autofazer filho![29] Somente se metamorfoseando no Filho-que-cresce o Pai sobrevive. O Filho pode fazer-se herdeiro somente de um Pai semelhante. Exatamente assim opera Bloch com as diferentes «heranças» (em primeiro lugar, a cristã) que analisa e recorda (no sentido pleno da *Er-innerung*): transformando-as em si, na própria obra, tornando-as partícipes da própria e mesma esperança, separando-as radicalmente da revelação do Pai.

Não cabe aqui uma crítica infundada das diretrizes internas dessas diferentes posições, mas, ao contrário, somar o valor dos sintomas, grandiosos sintomas do «apocalipse» do nosso tempo. *Aut-aut*: se a utopia deve realmente ser entendida como utopia

---

[29] Talvez nenhuma testemunha expresse com maior intensidade, na transição do século, a ideia dramática do impor-se da idade do filho no decorrer da mesma herança judaico-cristã de Rilke do *Libro d'ore* (Milão: Servitium, 2008), e em particular de *Das Buch von der Pilgerschaft* (1901). A influência bem conhecida dessa obra sobre o jovem Lukács, por outro lado, parece em todos os sentidos decisiva. O próprio *Atheismus im Christentum* de Bloch (Frankfurt a. M.: Suhrkamp, 1968) não é compreensível senão sobre esse contexto.

concreta, ela deve resultar «parte do mundo», movimento de forças realmente transformadoras do presente. A passagem de uma época à outra é imanente a esse movimento e a partir dele se faz necessária. Nenhuma época poderá então se dizer «em erro» ou não redimida, boa ou má, longe da verdade ou próxima à sua luz. O que conta é conhecer como em todas elas existem energias que impedem de *estar*, que representam a força absoluta do negativo hegeliano, e não se conhece o destino de uma época se não *assumindo em si* essa força, isto é, assumindo o seu ponto de vista e *operando* segundo ele. Por outro lado, existe a utopia como imagem do *Novum*, do mundo que vive aqui e agora e opera apenas na forma de esperança, e que se contrapõe, de maneira radical, a *este mundo* e ao seu Príncipe. Imagem do *Novum* como do totalmente Outro.[30] Claro, a esperança também age, mas ela é

....

30 Exatamente o contrário do outro de Barth (Bloch, *Il principio speranza*, op. cit., pp. 1378 ss.); para Bloch é o outro do mundo dominado, que o mediador, Jesus, profeta messiânico, torna visível na forma do não ainda, para onde a Terra conduz. O deus *absconditus* está a esconder o autêntico mistério: o *homo absconditus*.

portadora de uma ideia que não apresenta nenhum nexo dialético, de fato, determinável com o estado presente. O *Novum*, conteúdo do seu dever ser, é estranho a qualquer compromisso com este mundo; a sua própria força prática derivará da coerência com que saberá exprimir a própria *xeniteía*.

Qual relação se expressa no desacordo entre as duas perspectivas? A primeira é fundamentada teoricamente apenas nos termos da *Fenomenologia* hegeliana. É essa a posição de *História e consciência de classe*, posição que encerra a impraticabilidade de qualquer forma de utopia. A segunda é forçada a conceber o *Novum* como o Fim da *vida beata*,[31] que persiste a ser *o negativo* em relação ao presente, e não aquele negativo que é *momento* do processo destinado a se realizar nas figuras do perfeito Saber-Poder. Como pode, então, tal *Novum*, explicitamente indicado com o nome de Reino, parecer o produto de um

---

31 Há muito Fichte em Bloch, e muito de Schelling nos *Weltalter* (Munique: C. H. Beck, 1993). Bloch vangloriava-se do seu conhecimento de Schelling.

devir histórico? Ele tem o poder de se manifestar a cada instante, ou seja, «transcende» as disposições do presente em tudo. «Preparem-se», apenas isso diz o profeta, dado que cada minuto é *exceção*, cada hora é «porta aberta» para o Juízo. Secularizar a profecia, reduzindo o Reino ao *ideal*, a fim historicamente determinado de uma práxis mundana, ou seja, fazer do Reino uma Utopia, equivale para Lukács a «desarmar» o comunismo e, para Scholem, a força escatológica da profecia. Como o comunismo se tornaria, assim, um «ideal», e não a práxis *em ato* de uma subjetividade que *conhece* as contradições do sistema e, por isso, *pode* fazê-lo soltar-se de suas amarras, assim a profecia, cessando de ressoar como Palavra do Senhor, perderia qualquer *auctoritas*, vagando em meio ao pântano das visões do mundo. Posto o Reino como fim da ação revolucionária, diminui necessariamente a ligação entre ela e a classe particular que representa o único sujeito possível da revolução. A revolução perde a própria *arché*, o próprio e único guia, e se dissolve *anarquicamente*. Assim também a profecia, no espírito da utopia, acaba por eliminar o *arché* da qual provém a própria voz, e por reduzir-se, conscientemente ou não, no plano do *continuum* histórico. Essa «aliança» secreta entre duas posições antitéticas como aquelas de Lukács e Scholem ajuda a explicar, para além das divergências teóricas de fundo, os motivos originários da «tomada de distância» de Benjamin e Bloch, apesar da intensidade do primeiro encontro.

Elementos gnósticos estiveram sempre presentes na forma da utopia, também na moderna; agora, no entanto, eles se tornam, na versão que Bloch nos fornece, de particular gravidade.[32] Se os protagonis-

---

32 As referências a Marcione em *Il principio speranza*, op. cit., são explícitas, assim como com a outras seitas heréticas como a dos ofitas. Mas Bloch «salva» o Javé do êxodo, que ele vê no símbolo de Jesus *totum novum*. Quanto ao resto, o Messias/Jesus vai, para ele, ser *erradicado* pelo Deus do Velho Testamento; Jesus o *destitui*. Esse é um capítulo que considero importantíssimo para a influência da presença gnóstica em tantas correntes do pensamento contemporâneo. Sobre a gnose blochiana em referência à sua interpretação do judaísmo, é fundamental o ensaio de R. Lellouche, *Les juifs dans l'utopie*, que introduz a edição francesa do capítulo da primeira edição de *Geist der Utopie* (Munique: Duncker & Humblot, 1918), suprimido na segunda edição (Paris: Éditions de l'Éclat, 2009).

tas de Utopia exaltavam a *decisão* que os havia levado a fundar seu Reino, e assim seu ser estrangeiros em relação ao continente, mesmo assim, a ilha era acolhedora e, ao mesmo tempo, metáfora de uma nave circunavegante pelo globo inteiro e onividente. Eles se moviam segundo um desenho, um projeto explicitamente *hegemônico*. Eleitos, sim, mas de modo algum sectários, separados; declarados por outros, talvez, heréticos, mas certamente não graças a essa vocação. Assumindo agora, no entanto, totalmente o timbre da heresia, a utopia faz êxodo do contexto prefigurante-projetual que a havia caracterizada nas origens do Moderno para se expressar essencialmente enquanto drástica oposição e inimizade ao mundo não redimido. «O mundo como existe não é o verdadeiro», é esta a *Phrase* em que se modela a obra de Bloch (do qual é uma variante do célebre lema adorniano: «o tudo é o falso») — e é *Phrase* emblemática. A utopia é espírito que sopra *do ideal* do mundo redimido (e nisso apenas faz consistir a verdade própria de Deus) e que, na única categoria da esperança, chega, de algum modo, a «encarnar-se». Os conteúdos da esperança somente são aqueles do pensamento utópico. Em torno a eles se cingem solidários aqueles que fazem êxodo do presente, *weltfeindlich*. Acredito não ser necessário sublinhar os laços dessa perspectiva — que prossegue, perdendo o caráter radical e a gravidade simbólica, na dialética negativa adorniana — com autores e momentos da discussão teológica e exegética na virada do século e com a crítica da teologia liberal, crítica na qual a «redescoberta» da gnose desempenha um papel importante. O que conta é ver como essa gnose laica, fundada sobre aquela que o próprio Bloch, precisamente em discussões com Barth, definiu a «dissolução antropológica de Deus»[33], leve às mesmas consequências da secularização da profecia. A gnose pressupõe um dualismo cósmico; o seu pensamento se alicerça nele e o torna sinal do aqui e agora da luta dos fiéis do Deus Justo contra o verdadeiro Príncipe e Autor deste mundo. De qual Potência, ao invés, pretende ser *represen-*

---

33 *Il principio speranza*, op. cit., p. 1489. Barth teria feito integralmente sua esta expressão, mas justamente contra Bloch.

tante a luta da gnose ateística? O espírito da utopia destrói a ideia mesma de *representação*. Destruição que constitui a essência do anarquismo, assim como de qualquer gnose política contemporânea. Mas isso leva a que o gnóstico-utopista seja *só*, abandonado a si, lançado em si mesmo. Não pode falar, como vimos, enquanto representante de uma classe, nem de um movimento histórico real que pense *atuar* na sua práxis determinado Reino. Muito menos de um Senhor do Reino, estranho ao devir. Ele transcendeu apenas do próprio ideal, ou seja, de si mesmo. Como é possível então sustentar (lema da *Tübinger Einleitung in die Philosophie*, 1970) «*ceterum censeo utopiam esse historice creandam*»? Qual sujeito histórico coletivo poderia legitimamente se declarar seu representante ou herdeiro?

Apenas a esperança que o *péssimo* possa ser erradicado do mundo parece expressá-la. Posto que, Platão *docet*, a ciência do bem e do mal é a mesma, tal esperança não pode ser pensada senão sobre a base do mais rigoroso pessimismo. A presença de Schopenhauer em Bloch é por isso imprescindível, como será também para Horkheimer e Adorno.[34] Sem a lição de Schopenhauer, a esperança se reduz a uma «miserável confiança»; se não soubessem expressar também o conhecimento do péssimo, esperança e utopia cessariam de valer como categorias cognoscitivas, como Bloch pretende que sejam. Mas pode o princípio esperança *conhecer* realmente outro, além disso? O Reino foi pressagiado, não sabido. O profeta poderia afirmar sabê-lo, mas apenas na medida em que sua esperança é *segura*, e ele por isso o *intui* na Palavra da qual se faz apenas ouvinte; não pode afirmá-la quem *obedece* ao próprio e mesmo ideal, é o contrário. Isso lhe fornece-

....

34 *Minima moralia* oscila entre a mais áspera tonalidade schopenhaueriana («o mundo é o sistema de horror») e o princípio esperança, no sentido de que o livro se conclui («A filosofia, a qual apenas poderia se justificar aos olhos do desespero, é a tentativa de considerar todas as coisas como suscitaria do ponto de vista da redenção»). Naturalmente, o «princípio esperança» contrasta em si radicalmente com o sistema de Schopenhauer: longe de ter um valor cognoscitivo, a esperança mostra como o intelecto serve à vontade; quando o intelecto não está em condições de satisfazer aos desejos, eis que tem que aprender a apaziguar seu padrão «com seus contos de fadas, como a babá e o menino», ajustando-o provavelmente com alguma probabilidade (apêndice do livro II, cap. 19 de *O mundo como vontade e representação*).

rá o paradigma com o qual se opor ao presente, com o qual *se decidir*, ou talvez uma medida para julgá-lo, de modo algum um *saber* que possa pretender exibir uma relação real com o Fim. E também não se tem a passagem dialética entre o conhecimento em si do péssimo e aquele dos meios com os quais historicamente combatê-lo. O comunismo, para Lukács, dispunha desse conhecimento porque pretendia valer como teoria e práxis de um determinado sujeito histórico-político e estava destinado a sair de cena tão logo fosse transformado em utopia ou profecia. Pura ilusão que a intolerância do presente se transforme em real *figura futuri*. Esse papel cabe, antes, ao político revolucionário *antignóstico*, asceticamente dedicado à organização racional das forças que contestam *actu* o sistema vigente e que dele representam *agora* o próprio futuro. A igreja da esperança é uma igreja invisível, da qual qualquer um, singularmente, pode dizer fazer parte; mas o espírito profético nela tem olhar direcionado ao passado à espera de ser redimido, mais do que ao tempo da redenção. A outra igreja é aquela grande, *internacional*, bem visível, poder público contraposto a outros poderes, essa, sim, autêntica *figura futuri*, enquanto afirma *conhecer* através quais forças e quais lutas aquele futuro poderá realizar. Em tal igreja a profecia é obrigada a se calar, e ainda mais sua forma secularizada na qual parece encerrar a utopia, ao término da história que a havia erguido, a grandiosa expressão do poder faústico da racionalidade europeia.

A perspectiva da *História e consciência de classe* e a do *Espírito da utopia* se entrelaçam para dissolver-se reciprocamente, e nesse seu «suicídio» erguem-se como verdadeiros hieróglifos da enorme tragédia do século XX, náusea, na qual talvez nos encontremos ainda hoje. Na primeira, a superação do ser-aí alienado se realiza somente através da ciência e da organização; a dialética hegeliana é rebaixada a seus pés. Mas isso implica inexoravelmente que a revolução se coloque no *continuum* histórico e que o seu *novum* seja reduzido a *momento* do devir, e por isso totalmente *relativizado*. Não faz mais sentido algum, assim, lógica-*cientificamente*, afirmar que apenas com o seu *ato* começa a história enquanto história da essência libertada do homem. Se a história *eterna* pode ser interpretada como a do Saber Absoluto, o Saber não pode se iniciar no final, quando a experiência da consciência se faz Espírito, mas, ao contrário, em uma época que surja da libertação de um sujeito histórico real, do radical antagonismo de duas classes, isto é, ainda totalmente caracterizada pela dialética senhor-escravo, prisioneira dessa estação da via-crúcis. A não ser que uma das partes em luta a carregue sobre seus próprios ombros. Que é justamente o mito grandioso, no sentido mais alto do termo, que rege o marxismo revolucionário. Desprovido disso, o marxismo torna-se simples movimento político que, em nome de interesses determinados, age para alcançar o poder no contexto de uma ética da responsabilidade. E a lição weberiana se faz assim insuperável, como se mostra evidente nos ensaios de *História e consciência de classe*. Não se passaram muitos anos entre esses autores e o discurso em que o grande mestre, nos *Lehrejahre* de Goethe, recordava o nexo estabelecido entre ação, os reais *operários*, intramundano, e renúncia à «universalidade faústica»; poucos anos, e mesmo assim não serviram a toda uma época e talvez a toda uma civilização. As páginas centrais em que Lukács ilustra o conceito de reificação-*Verdinglichung* não são nada mais que uma longa citação de *Economia e sociedade*, quase na ilusão de que a descrição objetiva do processo de mecanização e burocratização de toda forma de vida constitua por si só a «passagem», à assunção de *valores revolucionários*. A análise weberiana assumida, enquanto tal, como juízo de valor — essa é a operação aqui tentada. E operação que se faz inevitável, pela obrigação de atribuir ao *continuum* histórico a *redenção* da essência humana do homem («*das menschliche Wesen des Menschen*»), à qual faz *violência* a divisão capitalista do trabalho.[35]

A falência dessa perspectiva «invoca» a outra: que venha, então, o vento que nos chega do porvir, *deus adveniens*, ainda que não o possamos ver, e força-nos superar o mundo presente, irrompa sua «verdade» a negar sua racionalidade.[36] Sem princípio espe-

---

35 Lukács, *Storia e coscienza di classe*, op. cit., p. 128.

36 Retorna, insistente, no messianismo utópico, a figura romântica de *kommende Gott*. Cf. M. Frank, *Il dio a venire: Lezioni sulla nuova mitologia*. Turim: Einaudi, 1994.

rança não é concebível o êxodo do mundo redimido, e a linguagem da esperança é a da utopia. Isso não exclui absolutamente o conhecimento do presente, nem a «contaminação» tática com seus momentos, mas da ciência chega-se à utopia, se do *continuum* queremos saltar fora da história. A forma de utopia se torna aquela do profetismo messiânico. Todavia, qual messianismo? O profeta não pode ser mais que um sujeito histórico real com características determinadas pelo seu ser social. E por consequência também sua práxis não poderá conduzir senão a um determinado sistema histórico-político. Trata-se, em resumo, de um messianismo que não apenas concebe o Messias como já presente de fato e operante, mas que eliminou também de si toda ideia de transcendência, compartilhando assim, na substância, o imanentismo radical de *História e consciência de classe*. Isso determina as trocas contínuas e a osmose entre as duas perspectivas, através, talvez, dos conflitos mais ásperos, que marcaram por longos períodos o trágico *desenrolar* do marxismo e do movimento operário europeu do século XIX. Com isso, pode-se decretar que não haverá mais profetas?

Absolutamente, não — e aqui de novo Weber *docet*, o Weber da página final de *A ética protestante e o espírito do capitalismo*: se o potente *Kósmos* das modernas relações de produção se fez «manto» das formas de vida e de nosso *éthos* «dura gaiola de aço», se «der siegreiche Kapitalismus» nem mesmo necessita do antigo espírito de ascese, nem de qualquer outra forma de «justificação» e se apresenta como um *natural mecanismo* (paradoxo do qual o «último homem» não conhece o significado), isso não significa, absolutamente, que não possam surgir ao término dessa *ungeheure Entwicklung*, desse evento maravilhoso-monstruoso, *novos profetas*, ou até mesmo «o renascimento de antigos pensamentos e ideais». Nada, porém, torna tal possibilidade real, como nenhum pensamento produz os táleres de Kant. Nada o torna pre-*visív*el ou prefigurável (diferentemente do futuro da utopia moderna, que insistia inteiramente na lógica do *projeto*). Tanto menos, certamente, há motivo para amar aquilo que é, em vez de considerar verdadeiro o que se espera, objetaria o Adorno de *Minima moralia*. Mas Weber não «ama» de forma alguma a gaiola de aço; ele se limitaria a reiterar que não são *verdadeiros* nem o real, nem o esperado, e que, todavia, *wirklich*, realmente agente, é apenas o primeiro. Na medida em que o pensamento revolucionário passa do *conhecimento* do capitalismo triunfante e das forças internas que o contrapõem à forma da profecia, os seus juízos tornam-se juízos de valor e perdem toda a cientificidade, determinando o seu «suicídio». Pela via oposta e complementar, se a utopia entende a si mesma verdadeiramente como profecia, aqui e agora, da realidade do mundo redimido, ela vai se perder a si mesma tão logo elimine a transcendência deste último em relação a toda figura do devir histórico e a todo projeto mundano, e reduzirá os seus juízos a juízos de valor.

Se evanescente, ou mesmo um sinal de fragilidade prática e teórica da revolução, se faz a imagem do Reino – como motivar a sua esperança, como alimentar sua «nostalgia»? Se a práxis se direciona ao realismo político e ao conflito pelo poder, como se representar o Fim capaz de orientá-la? Ela irá se reduzir a ativismo anárquico, perdendo qualquer eficácia mesmo tática. Se a utopia, por sua vez, pretende apresentar-se como profecia aqui e agora, mas profecia fundada antropologicamente, e eficaz só pelo seu «encarnar-se» na realidade histórica de movimentos em ato, ela transcende a dialética em nada e o conflito entre «capitalismo vitorioso» (o que não significa absolutamente, pelo contrário, isenta das contradições), e a análise e os seus juízos de valor que é sempre possível expressar em torno ao seu sistema de dominação. A revolução não rege à prova do desencanto weberiano nem à da ideia messiânica. Não pode dar-se práxis revolucionária sem utopia; não pode dar-se utopia que não seja «dotada de espírito profético», uma vez terminada a época das utopias projetantes-prefigurantes modernas — mas o espírito profético sopra apenas da *transcendência* do mundo redimido. A revolução implode dentro da sua própria ideia; o Espírito do mundo apenas confirma o juízo que ela deu de si. Nenhuma ideia se apresenta mais na gaiola de aço globalizada com a energia do pensamento crítico e utópico das dialéticas negativas que recordamos — energia que se expressa exatamente e, antes de tudo, nas suas próprias e insuperáveis aporias. E, afortunadamente, ninguém ainda está disposto a tomar por hieroglíficos do nosso presente, misturas absurdas entre suas figuras, fantásticas, *pastiches* nostálgicos. A temporada de confronto criativo entre *ciência* e *utopiu* se conclui com 1968.

Quid tum? Pergunta bem mais modesta do que «que fazer?». Percorrendo a história da utopia, acredito que seja fácil constatar que não se trata de fantasia visionária ou de filosofia da história decrépita, teleologicamente configurada. A utopia é fator determinante do *pensamento* que se formou, por si próprio, do atual «capitalismo vitorioso», assim como, transformando-se, ou melhor, invertendo a própria feição, é fator determinante das forças reais que a combateram ou acreditaram combater. O primeiro não tem mais necessidade — e as segundas? Ainda existem? E, se existem, em quais formas se expressam? E, se não existem ou nem sequer podem mais ser *localizadas* (caso se tornaram elas mesmas *ou-topía*, não lugar), como e *onde* exercitar um pensamento crítico? Não pode dar-se *krísis* sem *corte*, se não aparecem dois extremos, se não aponto o outro, do extremo onde estou, no exato momento em que me confronto com ele. E precisamente esse exercício parece hoje emperrado: o fim se reduz à conduta infinita do presente e dos conflitos no seu interior, mesmo os mais trágicos, não parecem mais reconduzíveis a *um* horizonte. Os sujeitos que agem nele são uma multidão desarraigada e, literalmente, anárquica, sem que consiga emergir, no seu interior, uma *hegemonia*. De vez em quando é possível assumir este ou aquele ponto de vista, que permanece totalmente imanente à ocasião específica. A perda da dimensão *transcendente* de teoria e práxis parece total e definitiva. E assim coloca-se novamente a insubstituível pergunta: *quid tum*?

Colocar ordem na linguagem, reconduzi-la à sobriedade e à modéstia, à autoconsciência dos seus limites — isso parece continuar. «Autonomia» do Político, de um lado, no sentido de que nenhum *diá-logo* está em condições de se sustentar com a linguagem, as imagens e as figuras em que procurou dar feição às ideias de redenção, salvação ou verdade. E, por outro lado, tornar *a espera de Deus* imaculada, eliminar dela toda *impaciência*, toda exigência, *ab-solver-la* da *civitas hominis*, e, sobretudo, das gnoses que a habitam. Resumindo: negar toda teologia política, superar a idade da secularização, que é *sempre* secularização de ideias teológicas. Erguer a espada entre as duas dimensoes. Encerrar o período *guerra-e-paz* contínua entre elas. Essa é a tarefa que nos foi atribuída hoje? Mas o Político que renuncia asceticamente a expressar-se sobre o Fim ainda pode-se dizer político? Ou, torna-se apenas um simples técnico-administrativo da gaiola paradoxal *ou*-tópica, operante em todo lugar e em nenhum lugar, dos quais os grandes «profetas» do «capitalismo triunfante» viram o nascer (e antes deles, havia visto a forma moderna da utopia)? E o que quer dizer, para ele, a espera de Deus? Ao confessar a própria impotência diante do Príncipe deste mundo, ao testemunhar sua *decisão* para o martírio, que destino pode ter senão aquele de fazer *privada*, a *coisa* do coração? Exatamente aquilo que se exigia que se tornasse a forma-Estado moderna, exatamente o oposto da *comunidade* das origens, o oposto, isto é, da ideia de uma *re-forma* desta última. As duas dimensões, distintas *radicitus*, com clareza desencantada, fertilizando o terreno dos seus entrelaçamentos espúrios (e isso já não significa sair definitivamente da história marcada pelo espírito da Europa?), parece não restar mais que o *im-político*, de um lado, e o *sentimento* de Deus *adveniens*, do outro. Dimensões que acabam parecendo análogas exatamente na sua infinita distância e por juntas representarem, paradoxalmente, a *Entfremdung* radical do «último homem», o seu fazer-se radicalmente estrangeiro seja ao Político ou ao Teológico, seja à linguagem que move da instância de *guiar* a *civitas hominis* (e que, portanto não pode prescindir de uma «escatologia»), seja àquilo que comunica *publicamente*, nas formas do tempo, a fé no Reino (e que por isso deve ser con-*vincente*, e não pode, por conseguinte, não entrar em *pólemos* com qualquer potência mundana «vencedora»). Qual profecia confundirá de novo suas águas? Existirá uma? A nós compete somente a tarefa de esclarecer sobre como elas historicamente se dividiram e manter aberto o presente à interrogação. O pensamento crítico se exercita contra todo compromisso consolador ou nostalgia que pretendam «sanar» hoje essa condição. Contra os falsos profetas e quem finge poderes *impossíveis* continua necessário recordar a essência dos termos em que se joga o nosso destino, fazer verdadeiramente *arqueologia*, investigar a *arché*. Política, teologia, utopia devem ser custodiadas *mesmo* em seu radicalismo, e talvez unicamente considerando-as assim possamos manter o olhar livre para captar o evento do *novum*.

BIBLIOTECA antagon!sta

13. LEOPARDI | Pensamentos

14. MARINA TSVETÁEVA | O poeta e o Tempo

15. PROUST | Contra Sainte-Beuve

16. GEORGE STEINER | Aqueles que queimam livros

17. HOFMANNSTHAL | As palavras não são deste mundo

18. JOSEPH ROTH | Viagem na Rússia

19. ELSA MORANTE | Pró ou contra a boma atômica

20. STIG DAGERMAN | A política do impossível

21. MASSIMO CACCIARI- PAOLO PRODI | Ocidente sem utopias

22. ROGER SCRUTON | Confissões de um herético

23. DAVID VAN REYBROUCK | Contra as eleições

24. V.S. NAIPAUL | Ler e escrever

ISBN 978-85-92649-26-5

FONTES: **Calibri, Adobe Hebrew**
PAPEL: **Polen Bold 90 gr**

IMPRESSÃO: **Artes Gráficas Formato**
PRODUÇÃO: **Zuane Fabbris editor**

1ª edição dezembro 2017
© 2017 EDITORA ÂYINÉ